D1347655

# Richard Jones

yLolfa

*Yn gyflwynedig i Moelwyn a Betty.*
*Diolch i Wyn am ei gydweithrediad*
*a'i gymorth wrth ysgrifennu'r llyfr.*

Argraffiad cyntaf: 2014

Dymuna'r cyhoeddwyr gydnabod cymorth ariannol
Cyngor Llyfrau Cymru.

Cynllun y clawr: Malcolm Gwyon

Rhif Llyfr Rhyngwladol: 978 1 84771 880 8

Cyhoeddwyd, rhwymwyd ac argraffwyd yng Nghymru gan
Y Lolfa Cyf., Talybont, Ceredigion SY24 5HE
*gwefan* www.ylolfa.com
*e-bost* ylolfa@ylolfa.com
*ffôn* 01970 832 304
*ffacs* 832 782

Rhain, y mawrion amharod, y bois swil
heb swach o selebdod,
y sêr dawnus a'r di-nod
yn dwyn bri i Denby Road.

Ceri Wyn Jones

(I Richard a Wyn ar ennill Gwobr Roc a Phop
BBC Radio Cymru am gyfraniad oes.)

# Cynnwys

# I

# Whisgi a Soda

## Aberteifi 1971

AR AMBELL AWR ginio yn yr ysgol, ar ôl cael *chips* yn y Cardigan Arms, roedd amser i grwydro rownd y dre gyda ffrindiau: mynd i Gina's i gael hufen iâ Eidalaidd neu *cappuccino*, wedyn i'r siop recordiau lle ro'n ni'n prynu senglau ac LPs gan, ymysg eraill, Fats Domino, The Move, Gilbert O'Sullivan, Slade, Mungo Jerry, Status Quo, artistiaid soul a hefyd recordiau Cymraeg gan Meic Stevens, Bara Menyn, Tebot Piws, Dafydd Iwan a Huw Jones. Newydd ddechrau bod â diddordeb mewn miwsig Cymraeg ro'n i'r adeg hynny, tua un ar bymtheg oed. Ro'n i a Wyn, sydd bedair blynedd yn iau na fi, wedi cael gwersi piano ond roedd mwy o ddiddordeb gen i yn y gitâr erbyn hynny, er taw un 'cheap and cheerful' ail-law oedd gen i.

Y flwyddyn ganlynol, es i i wersylla yn Eisteddfod Genedlaethol Hwlffordd gyda ffrindiau a mynd i'n gìg cynta, sef Gwallt yn y Gwynt, a gweld un o'n harwyr, Meic Stevens, ar y llwyfan gyda James Hogg. 'Nes i dreial cael llofnod Meic gefn llwyfan ar ôl y gìg ond wedodd rhyw ferch ei fod e wedi mynd. Sylweddolais i wedyn taw Heather Jones oedd y ferch honno.

Datblygodd Wyn ddiddordeb yn y byd electroneg gwpwl o flynyddoedd ar ôl hyn a dwi'n cofio fe'n adeiladu ei radio ei hunan. Ro'n i'n cael trafferth troi'r radio mlân yn iawn! Ac ar ôl cyfnod mewn coleg technegol yng Nghaerdydd aeth

Wyn i weithio yn siop teclynnau trydan E Griffiths a'i Fab, lle
cafodd e fwy o brofiad o drwsio gwahanol bethau trydanol, a
dyna fel y bu hi am y tro.

Pan o'n i'n ddwy ar bymtheg, ac ar ôl gweithio mewn ffatri
ddillad am sbel fach, dechreuais brentisiaeth argraffu gydag
E L Jones, Heol y Gogledd, Aberteifi. Ar fy mhen-blwydd
y flwyddyn ganlynol, yn lle parti ces i arian gan fy rhieni
i brynu gitâr acwstig go iawn a hynny mewn siop â'r enw
eironig Cardigan Organ Centre, yn Sgwâr Finch, Aberteifi,
sydd nawr yn tecawe bwyd Indiaidd.

Y profiad cynta o chwarae'n gyhoeddus i fi oedd chwarae
piano blŵs yng ngwesty'r Bell, Aberteifi ar nos Wener a chael
£5 o dâl ac ambell shandi am ddim yn y fargen. Ar lwyfan yr
hen King's Hall yn Aberystwyth 'nes i'r gìg iawn cynta, gyda
Glen Davies yn gofyn i fi chwarae'r piano. Roedd caneuon
Dafydd Iwan ac Edward H yn y set, ond Glen oedd yn canu a
chwarae'r gitâr, er ges i neud un solo offerynnol blŵs.

Diddordeb mawr Wyn a fi ar y pryd oedd pêl-droed, ac
mae hynny'n dal i fod. Ro'n ni'n trefnu bysiau-mini i weld
Cymru'n chwarae a hefyd yn mynd i weld y Swans yn
rheolaidd, ond roedd cerddoriaeth yn dod yn fwy a mwy
pwysig i ni, gan gynnwys pop a roc Cymraeg. Dwi'n cofio
rhyfeddu bod grŵp Cymraeg o'r enw Hergest yn canu cân
am ein tre *ni*, sef 'Harbwr Aberteifi', ac wrth gwrs fe wnaeth
Edward H chwarae yn Eisteddfod Aberteifi ym 1976. Roedd
Wyn yn ffan mawr o Elvis Presley a roc a rôl cynnar ar y pryd.
Ro'n i hefyd i raddau, ond ro'n i hefyd yn dal i fod yn ffyddlon
i Status Quo, Slade, y blŵs a *soul* a phobol fel John Denver a
Ralph McTell ac, yn gyfrinachol, ro'n i'n hoffi Abba – er nad
oedd hynny'n beth *macho* i gyfadde i 'nghyfoedion!

Ffrind i'r ddau ohonon ni oedd Malcolm Gwyon; roedd
e'n rhannu'n diddordeb ni mewn pêl-droed a miwsig, er taw
tîm Newcastle United roedd e'n dilyn! Roedd Mal yn hoffi
Roxy Music ac Ultravox a, tua 1977, bandiau pync. Dwi'n
cofio mynd i'r Vetch un prynhawn dydd Sadwrn ar y trên o

Gaerfyrddin, mynd i siop recordiau cyn y gêm a Malcolm yn treial perswadio fi i brynu sengl gan The Jam. Ond gwrthod 'nes i gan ddweud, 'Na, so ti'n mynd i ga'l fi i brynu'r stwff ton newydd pync 'na!' Sai'n cofio a oedd Wyn yn Abertawe y diwrnod hynny ond roedd e hefyd yn stico at ei hoffter o roc a rôl a *rockabilly*. Mae Malcolm hyd heddiw yn atgoffa fi o hyn o bryd i'w gilydd.

Yn gynnar ym 1978 roedd grŵp o ffrindiau – gan gynnwys fy mrawd a Malcolm – yn eistedd rownd ford yn gwrando ar gerddoriaeth mewn disgo nos Wener ym Mhlas Llwyndyrys ger Aberteifi pan ddaeth y gân 'Pretty Vacant' gan y Sex Pistols mlân dros yr uchelseinydd. Nawr 'te, galwch fi'n henffasiwn, ond do'n i ddim wedi gwrando ar y gân yn iawn o'r blân (er bod pync o gwmpas ers '76) ond yn sydyn 'nes i sylweddoli bod hon yn ffantastig ac fe godais i, Wyn a Malcolm ar ein traed a dechrau dawnsio'n wyllt – cyn sylweddoli'n glou taw dim ond ni oedd yn dawnsio! Roedd selogion y Bee Gees yn eistedd! Ond doedd dim ots gyda ni. Dyma roc a rôl ar ei newydd wedd, dyma egni, ffresni, dyma'r don newydd! Roedd Malcolm yn iawn, wedi'r cyfan, ac es i ati i brynu recordiau gan lwyth o fandiau fel yr Undertones, The Clash, Trwynau Coch, Ramones, Llygod Ffyrnig, Skids, Boomtown Rats, Sex Pistols, Elvis Costello a'r Jam. Dywedodd Bono o U2 unwaith fod pync wedi agor drws iddo fe i'r 50au, ac yn wir 'nes inne hefyd wrando mwy ar artistiaid fel Roy Orbison, Chuck Berry a Buddy Holly.

Roedd cerddoriaeth yn y gwaed. Roedd Dad, sef Moelwyn, yn aelod o fand pres ym Mhontycymer, Cwm Garw, ger Pen-y-bont ar Ogwr, ac enillodd e ar yr unawd cornet yn Eisteddfod yr Urdd pan oedd e tua pymtheg oed. Mae Betty, sef Mam, yn dod o Aberteifi ond â'i gwreiddiau yn Sir Benfro, ac roedd ei dwy fodryb hi'n arfer cyfansoddi emynau.

Penderfynodd Malcolm, fi a Wyn ffurfio band ton newydd Cymraeg, felly roedd yn rhaid i Wyn brynu bas a'i ddysgu, Malcolm i brynu set o ddrymiau a fi, gitâr drydan. Daeth yr amps o'r siop lle roedd Wyn yn gweithio ac roedd y perchennog, William Griffiths, yn dda iawn i ni. Ymarfer yn stafell wely Malcolm oedden ni i ddechrau ond yn raddol sylweddolodd e nad drymiau oedd ei offeryn, a gofynnwyd i'n cefnder, Gareth Lewis, gamu mewn a chymryd ei le. Roedd Malcolm wedyn yn 'bedwerydd aelod' fel petai, fel rheolwr y band. Cael enw bachog i'r band newydd oedd nesa ar yr agenda.

Yn y 70au cynnar dwi'n cofio bod mewn gêm o ddarts yn y Castle, ger y bont dros afon Teifi, gyda chymeriad o Felinwynt ger Aberteifi, Islwyn Iago, a bob tro ro'n i'n cael sgôr isel bydde fe'n dweud 'Caws caled!' Felly, am gyfnod byr, dyna oedd enw'r band – Caws Caled – ond newidiwyd yn weddol gyflym ar ôl hynny o'r enw cawslyd yma i Ail Symudiad. A'r rheswm? Wel, roedd y pedwar ohonon ni'n teimlo bod y cyfnod hwn yn 'ail symudiad' mewn roc a rôl.

Ffeindio lle teidi i ymarfer oedd y dasg nesa ac, ar ôl holi o gwmpas, glywon ni am hen neuadd y sgowtiaid yn ardal Maes-yr-haf o'r dre. Roedd sawl mudiad bach yn berchen ar y neuadd, gan gynnwys clwb trefnu blodau, a chafwyd caniatâd i ychwanegu ein henw at y rhestr o fudiadau a thalu am ddefnyddio'r lle. Felly, dyma ni'n mynd â'r *gear* i gyd lan un noswaith a dechrau ymarfer bob wythnos dros gyfnod o tua mis. Ond, yn anffodus, waliau pren oedd i'r adeilad ac ar ôl i berchnogion y tai cyfagos gwyno am y sŵn roedd yn rhaid ailfeddwl a chwilio am rywle mwy addas.

Roedd Dad yn flaenor yng Nghapel y Methodistiaid, Tabernacl, Aberteifi ac yn festri waelod Tabernacl roedd Aelwyd yr Urdd yn arfer cwrdd. Bues i'n aelod ar un adeg, felly fe ofynnon ni i Moelwyn a fydde'n bosib i'r grŵp ymarfer yno. Mae e'n ddyn meddwl agored, di-ffws a dywedodd e y bydde fe'n rhoi'r syniad o flaen y blaenoriaid yn eu cyfarfod nesa. Buodd yn llwyddiannus, a chytunwyd i ni roi cyfraniad ariannol i'r capel bob mis er mwyn defnyddio'r lle. Roedd yn lle delfrydol, dim tai yn agos, waliau trwchus, ac er bod yr Aelwyd wedi gorffen cwrdd yn y festri roedd y fordydd snwcer a tennis bwrdd yn dal yno ac felly roedd rhywbeth i'w neud rhwng ymarfer. Roedd hyd yn oed stafell i neud te! Dechreuodd y band ymarfer yn gyson, hyd at dair gwaith yr wythnos, dros fisoedd gaeaf 1978.

### Dechrau cyfansoddi

Y dasg nesa oedd casglu caneuon at ei gilydd. Do'n i ddim isie canu *covers* o stwff bandiau eraill na chyfieithu caneuon Saesneg i'r Gymraeg, felly fe es i ati o ddifri i gyfansoddi. Un o'r rhai cynta oedd 'Y'ch Chi'n Gwybod y Ffordd i Senart?' ar ôl i ymwelydd ofyn i fi ger y bont yn yr haf:

'Can you tell me the way to Senart?'

Dim syniad, wedes i, ac wedyn bwyntiodd e at y lle ar y map... Cenarth!

Ysgrifennodd Malcolm y geiriau i 'Petrol a Paraffin' ac un neu ddwy gân arall. Trwy'r gaeaf ac i mewn i'r flwyddyn ganlynol daeth ffrwyth i'r holl ymarfer, gyda hyder Gareth yn cynyddu ar y drymiau, Wyn ar y bas a fi ar y gitâr drydan, er bod y canu'n dal i deimlo bach yn ddieithr i fi. Roedd hyn i gyd o dan arweiniad Malcolm, a oedd yn dod i bron bob ymarfer. Roedd nifer y caneuon yn cynyddu hefyd: 'Bocs Bach Carbord', 'Rhifau' ac un o'r enw 'Whisgi a Soda'. Gan fod y gwanwyn yn agosáu, roedd y pedwar ohonon ni'n teimlo ei bod hi'n amser meddwl am ein gìg cynta, ac fe brynon ni offer PA yn y siop lle roedd Wyn yn gweithio. Yn y cyfnod hwn, cawson ni help bachgen o Birmingham oedd wedi symud i'r dre, Pete Friend ac, yn llythrennol, daeth yn ffrind da. Roedd gan Pete fan, un oedd yn chwythu cymylau o fwg mas o'r egsost! Yn y fan y cyrhaeddodd y *speakers* mawr y festri, mewn cwmwl o fwg ac, ar yr adeg hynny, roedd PAs yn llawer mwy beichus a trwm nag y'n nhw heddi.

## 'Hippy gig'

Yng nghyfnod Pete Friend fel *roadie* daeth cynnig i ni chwarae mewn rhyw fath o 'hippy gig' yn yr awyr agored yn Llangoedmor. Dim ond ychydig o olau oedd ar y 'llwyfan' – hynny yw, porfa – ac roedd arogl porfa o fath arall yn wafftan tuag aton ni. Roedd y dawnsio mor wyllt nes i rywun gwympo yn erbyn y meic a 'mwrw i ar fy mhen! Roedd y gìg yn sbort ond ro'n ni'n falch iawn o weld tri o'r gloch y bore, ac roedd hi'n gwawrio erbyn i ni bacio'r offer i gyd.

Ynghyd â rhai ffrindiau o'r dre oedd â diddordeb yn AS, roedd nifer o'r Saeson a ddaeth i'r ardal yn y 70au cynnar yn gefnogol i'r grŵp a'r ffaith ein bod ni'n chwarae yn null y don newydd, ac yn ein cefnogi ni'n canu yn Gymraeg. Ym mis Chwefror, ar ôl clywed rhaglen *Sosban* ar y radio, anfonon ni lythyr at Eurof Williams y cynhyrchydd yn gofyn a fydde diddordeb ganddo glywed caneuon y band. Daeth ateb positif 'nôl: 'Unwaith chi'n teimlo'n barod fel grŵp, sgrifennwch ata i ac anfon tâp/casét a gobeithio gallwn drefnu eich recordio ar gyfer *Sosban*.' Wow! Newyddion grêt – y cysylltiad cynta â Radio Cymru a'r cyfryngau, ond roedd yn rhaid pwyllo cyn recordio ac anfon *demo*.

> … dyma dderbyn casét amrwd ond gobeithiol o Tenby Road, Aberteifi. Yn dilyn nifer o sgyrsiau ffôn doniol a difrifol, gyda thestunau yn amrywio o'r Beatles i'r Blew, dyma wahodd y grŵp i recordo sesiwn i'r rhaglen… a dim ond chwerthin wnaeth y peiriannydd a finnau am dair awr gyfan!
>
> Eurof Williams

Yn ystod y cyfnod hwn aeth y pedwar ohonon ni i weld y Trwynau Coch yn Neuadd y Ddraig Goch, Dre-fach Felindre, ger Castellnewydd Emlyn a chael ein syfrdanu gan eu hegni a'u caneuon, ac arhoson ni ar ôl ar y diwedd i gael sgwrs gyda nhw. Bechgyn cyfeillgar iawn, a chawson ni gyngor gwerthfawr ganddyn nhw. Dyna'n ffrindiau cynta ni yn y sîn bop Gymraeg.

Aeth y si ar led fod 'na fand newydd yn y dre yn chwilio am eu gìg cynta ac o hynny mlân datblygodd pethau'n fwy byrlymus. Tua dechrau mis Ebrill daeth cynnig i ni chwarae ar ddydd Sadwrn Barlys, felly roedd tipyn mwy o amser yn y festri o'n blaenau er mwyn ymarfer 8–10 cân ar gyfer y set gynta yn y gìg cynta oll. Ro'n ni'n ymarfer bedair noson yr wythnos, o dan arolygiaeth Malcolm, ac roedd e fel rheolwr pêl-droed yn dweud, 'C'mon bois, hanner awr fach 'to!'

Doedd nerfus ddim yn air digon cryf i ddisgrifio sut ro'n i'n teimlo ar y noson honno ddiwedd Mai 1979 – bydde gair anweddus a brics yn fwy addas! Dwi'n tybio bod Wyn a Gareth yn teimlo rywbeth tebyg, ond fel un nad oedd *erioed* wedi canu ar lwyfan, dwi'n meddwl bod fy nerfau i'n waeth! Ar ben treiler ro'n ni'n chwarae, o flaen tua cant a hanner o bobol, ond ar ôl cwpwl o ganeuon fe ddechreuon ni deimlo'n fwy hyderus. Roedd ambell lais yn gweiddi pethau direidus arnon ni a glywais i rywun yn gweiddi, '*Top of the Pops* next week, boys!' Aeth y noson yn iawn, er bod llawer yn gweiddi am ganeuon oedd yn y siartiau Saesneg ar y pryd. Yn y *Teifi-Seid* yr wythnos wedyn roedd y pennawd 'Ail Symudiad is their name, being a Welsh new wave band is their game'! Ond roedd yr adolygiad yn eitha ffafriol. Cafwyd gigs eraill yn sgil hyn yn neuadd Cilgerran, Llandudoch (Llandoch) a Phantyderi ger Crymych.

Ond roedd y band yn teimlo bod rhaid neud rhywbeth mwy na jyst chwarae'n lleol. Ro'n ni wedi cwrdd â Rhodri a Tegid Dafis, dau o drefnwyr Twrw Tanllyd, oedd yn byw yn Llandoch. Hefyd, cofiais i am rif ffôn Huw Eurig yn Aber a ges i yn ystod y sgwrs honno yn gìg y Trwynau Coch yn Dre-fach. Un noswaith, ffoniais i a gofyn sut oedd mynd ati i gael mwy o gigs yn yr Eisteddfod, oedd yn cael ei chynnal yng Nghaernarfon y flwyddyn honno. Ges i gysylltiad ar gyfer

Glyn Tomos, cylchgrawn *Sgrech*, a sicrhawyd sesiwn yng nghanol yr wythnos. Cyn yr Eisteddfod, ro'n ni wedi gigio yn Ffostrasol, Llangadog a neud ein gìg cynta ym Mlaendyffryn a chwrdd â Walis Wyn George, trefnydd gigs Blaendyff i Gymdeithas yr Iaith.

Yn y gìg yn Llangadog, daeth llwyth o feicars i mewn yn eu siacedi lledr. Wel, am weiddi! Roedd hi'n amlwg eu bod nhw'n casáu'n cerddoriaeth a'n delwedd ni. Safodd un ar flaen y llwyfan trwy'r nos a dweud nad oedd e'n hoffi unrhyw gân yn y modd mwya cwrtais allech chi feddwl... Sai'n dweud taw nhw oedd ar fai ond, ar ddiwedd y nos, roedd teiars y fan yn hollol fflat! Dwi'n meddwl taw Walis ddaeth â pwmp i ni bwmpo'r teiars lan, chwarae teg iddo.

## Eisteddfod Caernarfon

Yn anffodus, doedd fan Pete Friend ddim yn ddigon iach i fynd i Eisteddfod Caernarfon, felly car Dad a char Gareth oedd ein ffordd ni o gyrraedd y maes pebyll. Wel, dyna balafa! Mynd â bagiau dillad, gitârs, amps a drymiau mewn dau gar, ond roedd y cynnwrf o chwarae yn yr Eisteddfod yn drech na phob rhwystr. Sesiwn Sgrech oedd gynta, a chwrdd â Glyn Tomos, Arwel Disgo'r Llais a phobol eraill. Ar y grisiau yng Nghanolfan Tanybont daeth dyn lan a gofyn, 'Pa un ohonoch chi yw Rhisiart?' Doedd dim syniad 'da'r gweddill pwy oedd e, felly roedd golwg eitha *bemused* ar eu hwynebau nhw i gyd. Wedyn wedodd e taw Eurof Williams, cynhyrchydd *Sosban*, oedd e ond, wrth gwrs, doedd dim un ohonon ni wedi ei weld e o'r blân. Gofynnodd e 'to, a wedes i taw fi oedd Rhisiart, a daeth hynny â llond trol o chwerthin, wrth Malcolm yn enwedig – 'Rhisiart?!' Yn y llythyron i Eurof, ro'n i wedi arwyddo fy enw fel 'Rhisiart Jones' ar y gwaelod, ond dyna'r tro dwetha i fi neud hynny. Doedd 'Rhisiart' jyst ddim yn eistedd yn gyffwrddus. Roedd y bois yn cymryd y 'meical' a dweud y lleia! Felly, ar ôl sgwrs gydag Eurof, roedd hi'n amser ar gyfer ein set ar lwyfan Tanybont o flaen tua 70 o bobol.

Cynulleidfa newydd, a nerfusrwydd (x 10!), ac amheus ynghylch beth fydde'r ymateb. Doedd dim lot o grwpiau ton newydd o gwmpas Cymru ar y pryd. A fydde tawelwch ar ôl y gân gynta? Ond na! Gweiddi mawr, clapio gwyllt ac roedd hi'n anodd i ni lyncu'r cyfan. Erbyn y diwedd cawson ni ein galw 'nôl i'r llwyfan gwpwl o weithiau. Cerdded trwy'r clwb wedyn a chwrdd â Glyn Tomos a chriw *Sgrech*, Geraint Løvgreen (oedd yn ysgrifennu i'r cylchgrawn) a Derec Brown, aelod o Hergest, ac fel rhywun o'r Gorllewin roedd e'n ein holi tipyn am Aberteifi. Beth oedd yn dda hefyd am fod yng Nghaernarfon oedd siarad â'r grwpiau eraill a chwrdd â bois Cymdeithas Adloniant Cymru, oedd yn trefnu'r Twrw Tanllyd. Cawson ni ein hatal rhag mynd gefn llwyfan gan Dyfrig Berry pan ddaeth ein noson ni i ganu ond ar ôl esbonio roedd popeth yn iawn!

… roedd egni rhyfeddol ym mherfformiad Ail Symudiad. Caneuon byr, bachog – pop pur, ychydig yn amrwd, ond yng ngwres ac awyrgylch chwyslyd clwb Cymraeg Caernarfon wedi siom refferendwm Datganoli '79, dyma'n union beth oedd angen.

Gwyn Williams (Doctor)

Tudur Lewis a bois Login oedd y rhai cynta i ddilyn y band tu fas i Aberteifi a'r ardal, ynghyd â chriw o Bontyglasier a Chrymych, a braf oedd eu gweld nhw a neud ffrindiau newydd wrth gerdded rownd Maes yr Eisteddfod. Aeth y gìg yn y Twrw yn dda a gawson ni gyfle i glywed Geraint Jarman a'r Cynganeddwyr, y Trwynau, Eliffant a chlywed Disgo Alun ap Brinli yn chwarae caneuon pop a roc Cymraeg. Ro'n ni'n cael ein nabod fel 'mods' gan ambell un gan ein bod yn gwisgo siacedi, crysau Ben Sherman a *loafers*, ond roedd Wyn yn lico gwisgo trowser PVC llachar coch – roedd angen sbectol haul i edrych ar rheiny!

## Recordio

Anodd oedd dod lawr o'r cymylau ar ôl y fath wythnos gynhyrfus, ond roedd yn rhaid mynd 'nôl i'n gwaith bob dydd – Wyn yn y siop drydan a fi'n gweithio fel argraffydd gydag E L Jones. Sai'n credu bod y bòs yn rhy bles oherwydd yn ystod yr Eisteddfod yn naturiol rhoddais i rif ffôn gartre i wahanol bobol ar gyfer trefnu gigs – a rhoi fy rhif gwaith yn EL! Cafodd AS ymateb da ar ein hymweliad cynta â'r Pier yn Aberystwyth, a daeth gìg arall yn Neuadd Blaendyffryn, Llandysul. Erbyn mis Hydref cafwyd cadarnhad o sesiwn i *Sosban*. Bu'n rhaid i ni deithio i Gaerdydd wedyn, a theimlo'n eitha pryderus gan taw hwn oedd ein profiad cynta o weithio mewn stiwdio. Cawson ni groeso twymgalon gan Eurof a'r peirianwyr ond cyn recordio ffeindion ni mas fod rhywbeth yn bod ar un o'r gitârs.

'This isn't earthed!' wedodd y peiriannydd. 'Where did you get it?'

'Woolworths in Cardigan!' wedes i.

'You could have had an electric shock at any time,' wedodd e.

'OK, I'll put it back in my cardboard case and make a complaint!' (Ond 'nes i byth.)

Beth bynnag, roedd y gitâr arall yn iawn, diolch i Dduw am hynny, neu bydde dim sesiwn wedi bod. Aeth popeth yn dda. Roedd hi'n grêt cael recordio yn y stiwdio lle roedd Cerddorfa'r BBC yn recordio hefyd. Dyna recordiad proffesiynol cynta Ail Symudiad ac roedd ansawdd y sain yn well nag unrhyw beth cyn hynny. Yn dilyn sesiwn *Sosban* a'n sgwrs gynta gyda Richard Rees ddiwedd Hydref, daeth galw am fwy o gigs a chael cefnogi'r Trwynau Coch yn ambell un. Fyddwn ni byth yn anghofio eu caredigrwydd a'u cefnogaeth i Ail Symudiad ar ddechrau ein gyrfa.

Tua Ionawr 1980 daeth gwahoddiad i recordio dwy gân yn y gyfres Senglau Sain. Roedd y syniad o neud disg yn rhywbeth arbennig a chyffrous ac i fi fel cyfansoddwr roedd yn freuddwyd ers dyddiau ysgol. Ry'n ni'n ddiolchgar iawn i Sain am y cyfle cynta yma i neud record. Erbyn hyn, roedd aelod newydd yn y band – Robin Davies ar y gitâr rythm. Roedd Robin yn gymeriad hoffus a chyfeillgar a daeth ag elfen newydd i'r grŵp. Er nad oedd siarad Cymraeg yn dod yn rhwydd iddo, ac er ei fod e'n dod o Aberteifi, roedd ei fam yn hanu o Gaerdydd. Felly, dechreuodd Robin ymarfer gyda ni, a'r ddwy gân y penderfynwyd arnyn nhw ar gyfer y sengl oedd 'Whisgi a Soda' ac 'Ad-drefnu'.

Daeth yn amser mynd i stiwdio Sain, llogi fan ac, yn lle ein gyrrwr arferol erbyn hynny, Peter James, dyma ofyn i Dad i fynd â ni i Landwrog gyda rhai ffrindiau o Aberteifi, gan gynnwys Malcolm. Oherwydd bod perthynas iddi wedi symud i ardal Caernarfon, daeth Mam hefyd. Roedd hi wedi tywyllu erbyn i ni ymlwybro'n ara bach o ardal Porthmadog tuag at Landwrog – doedd dim *sat nav* bryd hynny! Wrth gwrs, mae'r stiwdio allan yn y wlad, a chymeron ni'r troad anghywir yn rhywle. Ond roedd gwaeth i ddod. Stopodd heddlu y fan, a gan gofio bod hyn ar ddechrau'r cyfnod llosgi tai haf, gofynnwyd i ni ddadlwytho'r cerbyd – y gitârs, yr amps, y drymiau, y cyfan! Beth bynnag, ar ôl sgwrs gwrtais ac esbonio bod Betty ddim yn aelod o'r FWA, mlân aethon ni!

Mae'n anodd disgrifio ein teimladau wrth gyrraedd y stiwdio. Roedd Sain newydd orffen adeiladu stiwdio newydd 24-trac, gyda drysau trwchus, carpedi moethus, desg allan o *Star Trek* (Series 1) a stafell fyw fendigedig, ond gydag un diwrnod yn unig i recordio a chymysgu'r ddwy gân roedd yn rhaid dechrau'n go handi. Ail Symudiad oedd y band cynta i ddefnyddio'r stiwdio honno ar ei newydd wedd.

Y cynhyrchydd oedd Hefin Elis, a Simon Tassano oedd yn peiriannu. Roedd hi'n braf gweithio gyda nhw ac roedd Wyn wrth ei fodd yn edrych ar y broses recordio. Aeth y sesiwn yn dda iawn a daeth Huw Jones i mewn i'r stafell reoli ar un adeg. Profiad gwych oedd neud hyn ond roedd yn rhaid aros wedyn, am amser oedd yn ymddangos yn hir iawn, cyn i'r sengl ddod mas.

Ymhen rhyw fis, dyma *Whisgi a Soda/Ad-drefnu* yn dod drwy ddrws Goginan, Tenby Road, ac roedd Gareth, Wyn a fi, ynghyd â Malcolm, yn hapus iawn. Mae pawb yn meddwl taw cân am yfed yw 'Whisgi a Soda', ond am sosialaeth mae hi. Roedd ein tad-cu yn löwr ac mae'r gân yn sôn am weithwyr yn cael eu sathru dan draed gan berchnogion y pyllau.

Maen nhw'n edrych mas trwy'r ffenest,
Gweld y bobol yn mynd 'nôl a mlaen,
Maen nhw'n hapus iawn i drefnu
Dychwelyd lawr o'r dyddiau o'r blaen,
Pob nos a dydd yn eistedd ar wahân,
Pob nos a dydd maen nhw'n canu eu cân,
Gwyrdd, gwyrdd yw y lliw
Sydd o hyd yn eu meddwl nhw a… whisgi a soda.

Un prynhawn aeth y band draw i Westy'r Cliff, Gwbert, i neud fideo o 'Whisgi a Soda' i adran newyddion BBC Cymru a chael ein cyfweld gan Dei Tomos. Roedd yn *novelty* cael grŵp Cymraeg o Aberteifi. Saethwyd y fideo ym mar y Cliff ac roedd wynebau rhai o'r ymwelwyr yn werth eu gweld:

'Look, Dorothy, they're singing in Welsh!'

Ond fe wnaeth y fideo weithio'n eitha da, gyda ni i gyd yn esgus yfed whisgi a soda ar ddiwedd y gân – hyd yn oed Wyn, y llwyrymwrthodwr!

Daeth un gìg yn y cyfnod hwn i ben gyda thipyn o embaras. Roedd Wyn yn eitha swil ond *ddim* pan oedd e ar lwyfan. Roedd e'n mynd yn wyllt ambell waith ac yn dawnsio pogo yn aml wrth chwarae. Wel, y tro yma – a ni oedd yr unig fand – fe neidiodd Wyn tuag ata i a thorri dwy *lead* i'r gitârs ac, yn anffodus, doedd dim *lead* sbâr gyda ni. Ar ôl ymddiheuro i'r trefnwyr, cynigon ni neud y gìg nesa iddyn nhw am ddim. Gorffennwyd y noson gyda disgo!

Yn ystod y flwyddyn aethon ni 'nôl i Danybont, Caernarfon i chwarae a chael croeso mawr gan Dic ac Eirlys, oedd yn rhedeg y clwb. Roedd ein dilyniant yn tyfu yn y gogledd, a chafodd AS wahoddiad i Blas Coch, Sir Fôn. Roedd hwn yn gìg mwy anodd a dysgon ni'n weddol glou nad oedd *pob* gìg yn mynd i fod yn llwyddiant. Gwrddon ni ag Arfon Haines Davies wrth ymddangos ar y rhaglen *Sêr* yn canu 'Ad-drefnu'. Gofynnodd Arfon ai 'pync amaethyddol' oedd Ail Symudiad achos ein bod ni'n dod o Aberteifi! Ro'n i bron â dweud na, 'pync morwrol'! Roedd neud gwaith teledu yn rhywbeth hollol wahanol i ni ond roedd criw'r stiwdio yn ein helpu ni i ymlacio a chawson ni sgwrs ddiddorol gydag Arfon am bêl-droed. Roedd yn ffan o dîm Wrecsam ac roedd 'na dipyn o dynnu coes oherwydd ein bod ni'n dilyn yr Elyrch!

Erbyn hyn roedd *roadies* gyda ni, yn benna Graham Bowen, gan nad oedd e mewn coleg ac ar gael trwy'r flwyddyn! Rhai eraill pwysig oedd Arfon Griffiths, Clive Phillips, Clive Pater, Rhodri Davies a Mwp. I ni, dim jyst *roadies* oedd y rhain ond ffrindiau oedd mor bwysig â'r band, ac yn gefn mawr i ni o hyd. Roedd 'na fandiau eraill yn ffurfio yn yr ardal: Rocyn, gyda Hubert Mathias ar y PA; Y Diawled yn nes mlân; a Malcolm yn dechrau gyrfa fel Malcolm Neon a'i gerddoriaeth electronig. Daeth y bandiau hyn i gyd yn ffrindiau agos, a hyfryd oedd cwrdd yn y Commercial yn Aberteifi i drin a thrafod cerddoriaeth, a chael ambell ddadl wrth gwrs.

Ddechrau Awst 1980 i ffwrdd â ni i Eisteddfod Genedlaethol Dyffryn Lliw, yn Nhre-gŵyr, i chwarae yn Sesiwn Sgrech a Twrw Tanllyd. A bu gigs dros Gymru gyfan. Mewn un gìg mewn tafarn yn ardal Machynlleth, roedd un o ffrindiau Ail Symudiad wedi trefnu adloniant i'r gangen Clwb Ffermwyr Ifanc leol. Felly, dyma ni'n gosod y PA, yr amps a'r drymiau ac fe es i eistedd gyda ffrindiau fy ffrind. Ro'n i'n siarad *full out* gyda nhw ond oedd dim ymateb o gwbwl. Mae'r rhain yn sych yffachol, feddyliais i. Wedyn, wrth y bar, fe wedes i wrth fy ffrind,

'Sdim lot 'da rhein i weud, wes e?'

A heb godi ei lais fe wedodd yn dawel yn fy nghlust, 'Dyw nhw ddim yn deall ti'n siarad!'

Sylweddolais i bryd hynny bod rhaid newid ychydig ar y 'wes' a'r 'dwe' ambell waith!

Cyn hir daeth yr awydd i recordio mwy o ganeuon. Gan ein bod wedi mwynhau gymaint yn Sain wrth recordio *Whisgi a Soda*, ein penderfyniad oedd llogi'r stiwdio honno. Felly, ym mis Hydref 1980, roedd taith arall i Landwrog, gydag Eurof Williams a Simon Tassano yn cynhyrchu'r caneuon 'Twristiaid yn y Dre', 'Modur Sanctaidd' a 'Hyfryd Bingo'. Un noswaith, yn ystod sesiwn hir, cafwyd Chinese tecawe o Gaernarfon ac yn lle bwyta'r bwyd yn syth, rhoddwyd e i gadw'n boeth yn y ffwrn. Diolch i Dduw fod rhywun wedi mynd i'r tŷ bach oherwydd roedd y lle'n llawn mwg, a'r bwyd yn *frazzled*. Felly, roedd hi'n *ciao* i'r Chow Mein!

Gorffennodd 1980 yn odidog trwy chwarae ym Mharti Nadolig y Trwynau Coch yng Nghorwen. Am noswaith! Cael ymateb da, treial caneuon newydd fel 'Modur Sanctaidd', 'Yn y Ddawns Plastig', 'Darlun ar y Wal' a 'Twristiaid yn y Dre', a grêt hefyd oedd gweld yr ymateb i Trwynau gan y cannoedd oedd yna. Roedd nifer o ganeuon newydd â photensial i fod ar ddisg a sylweddolon ni taw dyna'r ffordd o gynyddu dilyniant a sicrhau parhad i Ail Symudiad. Falle bydde'n syniad dechrau ein label recordio ein hunain...

# 2

# Twristiaid yn y Dre

PRYNHAWN DYDD SUL diflas yn gynnar ym mis Ionawr oedd hi, a gang ohonon ni'n cwrdd yn *chez* Goginan i gael te, coffi, sgwrs a chacs *à la* Jaffa. Roedd gìg wedi bod ar y nos Sadwrn, felly roedd effeithiau hynny wedi cico mewn. Dechreuodd y siarad am symudiadau nesa Ail Symudiad. Cytunwyd bod rhaid rhoi'r traciau a recordiwyd yn Sain ar ddisg a gan ein bod wedi rhyddhau sengl yng nghyfres Senglau Sain eisoes cafwyd y syniad o ffurfio label. Bydde'n rhaid meddwl yn ddwys am hyn a thrafod o ddifri yn yr ymarfer nesa, pan fydden ni'n rhydd o'r blwmin byji oedd yn hedfan o gwmpas y stafell.

'Rhowch hwnna'n ôl yn y caets!' bydde Betty'n gweiddi.

Y noson ganlynol felly, daethon ni at ein gilydd i feddwl eto am ddechrau label. Eistedd rownd y bwrdd snwcer wnaethon ni a phenderfynu mynd amdani. Ro'n ni i gyd yn teimlo'n gynhyrfus wrth feddwl am y peth, ond ddim yn sylweddoli gymaint o waith fydde o'n blaenau. Penderfynu ar enw oedd y dasg nesa. Taflwyd nifer o enwau i mewn i'r pot ac wrth i fi roi matsien i un o'r ychydig sigaréts ro'n i'n eu smocio ar y pryd daeth yr enw 'Fflam'. Na, dim cweit oedd y casgliad ond, o fewn ychydig, gofynnodd rhywun beth oedd *flash* yn Gymraeg ac o'r cwestiwn syml yna ganwyd Recordiau Fflach. Cytunodd Gareth a Robin, gyda Wyn a fi, roi peth arian o gigs AS i goffrau'r label. Ond peidiwch dechrau smocio er mwyn cael enw i label recordio!

Cysyllton ni â'r Trwynau Coch a gweld beth oedd raid i ni'i neud o hynny mlân a chafwyd cyngor gan Sain hefyd.

23

Ar ôl trafod â Sain ro'n nhw'n fodlon gwasgu'r record i ni. Gareth, ein drymiwr, wnaeth ddylunio clawr *Twristiaid yn y Dre* a phenderfynon ni gael clawr 'limited edition' *dayglo* melyn i'r cant cynta, a'r gweddill mewn lliw plaen melyn. (Flynyddoedd ar ôl hyn, dyna fydde lliw Fflach ar ein logo.) Anfonwyd y *master* bant yn glou ac o fewn tua 2–3 wythnos roedd y recordiau ar eu ffordd!

Dwi'n cofio rasio adre o'r gwaith i weld y pecyn. Roedd hyn yn fwy cynhyrfus na phan ddaeth *Whisgi a Soda* mas. Y peth nesa i neud oedd gludo'r cloriau a rhoi'r recordiau ynddyn nhw yn swyddfa newydd Fflach – sied yng ngardd Goginan, 'overlooking the Teifi, don't you know'! Roedd hyn yn waith caled ac fe gymerodd dipyn o amser, ond o'r diwedd roedd y recordiau'n barod i fynd ar eu taith o gwmpas Cymru i'r gigs – 500 o ddisgiau. Mae rhai pobol yn dal i feddwl taw cân am dwristiaid yn dod i Aberteifi yw 'Twristiaid yn y Dre' ond am Lundain mae'r gân yn sôn:

Gweld gwynebau'n newid ar bob stryd,
Ma pobol yma yn chwilio am y gwir,
Gwylwyr hefyd yn edrych am amser da,
Pob man yn disgleirio yn yr haf…

Ma awyrgylch y chwedegau yma
Ar gael yn ambell le,
Ffasiynau'n newid gyda'r tywydd,
Delwau pwysig o bell,
Twristiaid yn y dre…

Gyda sengl newydd mas roedd hi'n bryd cael sgwrs gyda Richard Rees ar y rhaglen radio *Sosban*. Roedd hi wastad yn sbort sgwrsio â Richard ond sai'n credu ei fod e'n hoff iawn o'n gwestai dychmygol ni, sef Nigel y Bwji. Y tro cynta iddo'i glywed e (Wyn oedd yn neud y sŵn gyda'r un math o chwiban a ddefnyddiwyd ar y rhaglen *Clangers*) roedd e'n methu'n lân â deall beth oedd yn digwydd, ond dwi'n meddwl i Nigel ddod yn ffrind iddo fe erbyn y diwedd! Er, ambell waith, bydde fe'n gofyn,

'Ydi'r blincin byji 'na gyda chi heddi? O na, *ma* fe, on'd yw e?!'

Roedd un o'n ffrindiau'n gwerthu *Twristiaid yn y Dre* ar ddiwedd bob gìg ac erbyn hyn roedd o leia pymtheg i ugain copi yn cael eu gwerthu bob tro, mwy na hynny ambell waith. Un bore, wrth gael brecwast mewn caffi ym Mhorthmadog, daeth dau neu dri person aton ni a gofyn am gopi, felly mas â ni i'r fan i'w hôl nhw!

Cafodd y tair cân o'r sengl eu chwarae ar *Sosban* ac roedd hyn yn creu mwy o ddiddordeb yn y band, oherwydd cynyddu wnaeth y gigs: Plas Coch, Sir Fôn; CIG ym Mlaendyff; gigs i UMCA; Tanybont, Caernarfon; a neuaddau pentre. Yn Llanerfyl, trefnwyd diwrnod gan Rhys Mwyn. Mae rhyw atgof gyda fi o Rhys yn ein cyflwyno ni fel y band gorau yn y *byd*! Peth od, ro'n i wastad yn meddwl taw'r Beatles oedd y rheiny! Roedd Rhys yn hoffi'r ffaith ein bod ni'n fwy pynci yr adeg honno ac roedd e'n gefnogol iawn i'r grŵp. Fe wnaeth e ein cyfweld ni ar gyfer ei ffansîn hefyd.

> Fedra i ddim dweud pa mor bwysig oedd 'darganfod' Ail Symudiad yn ôl ym 1980. Fe welais y grŵp ar raglen *Sêr* a sylweddoli bod grŵp arall Cymraeg allan yna oedd wedi cael eu dylanwadu gan pync a'r Don Newydd. Roedd Ail Symudiad yn cŵl...
>
> Rhys Mwyn

Garej Machynlleth! Mawr yw ein diolch amdani. I'r fan honno roedd un ohonon ni'n gorfod cerdded gyda photel blastig ar gyfer petrol pan fydde Wyn yn gadael i'r tanc fynd yn rhy isel. Roedd hyn yn rhyw fath o gêm rhyngddo fe a'r fan. Dim byd i neud â safio arian, ond jyst i brofi alle fe fesur y daith 'nôl i Aberteifi yn berffaith. Diolch i'r drefn fod e ddim yn colli bob tro, neu bydden ni'n dal yn Corris nawr! Daeth yr

25

heddlu ambell waith a gofyn beth oedd yn digwydd. Un tro, aethon nhw â Wyn at y garej a dod ag e 'nôl i'r fan! Roedd e'n cael *breathalyser* ambell dro hefyd ond fel soniais i, dyw Wyn ddim yn yfed alcohol.

Roedd hi'n olau dydd arnon ni'n cyrraedd Aberteifi un tro, jyst mewn pryd i gael pasti o bopty Central Café, drws nesa i festri Tabernacl (ein lle ymarfer).

'Chi'n mynd yn gynnar heddi, bois,' medde'r pobydd.

'Nawr ni'n dod 'nôl!' oedd yr ateb.

Gyda'r gwanwyn yn agosáu daeth trobwynt yn hanes y band gyda'r gân 'Geiriau'. Geraint Jones, Rocyn oedd y cyntaf ar wahan i'r band i glywed y gân a hynny ar gasét yng nghar Wyn ar y stryd yn Aberteifi , rhyw noson ar ôl bod am beint yn y Commercial.

'Ma rhywbeth gyda chi 'da'r gân 'na!' dywedodd Geraint.

Roedd Wyn a fi'n teimlo bod isie newid cyfeiriad ychydig (er nad oedd pob un o'n dilynwyr yn hoffi hynny), ac ehangu gorwelion. Ond doedd Gareth, ein drymiwr, ddim yn cytuno â'r newid cyfeiriad a phenderfynodd adael y band. Roedd hyn yn dipyn o ergyd i ni ar y pryd, ond roedd yn rhaid derbyn ei 'ymddiswyddiad'.

Roedd un o'n ffrindiau eraill ni'n hoffi chwarae drymiau ac yn byw ym Maesglas ar dop y dre. Kevin Bearne oedd ei enw a *lifeguard* yn y pwll nofio oedd e wrth ei waith bob dydd. Cymro di-Gymraeg oedd Kevin, a'i rieni'n dod o Aberdaugleddau, a chytunodd i ymuno â ni. Un arall o Faesglas oedd Andrew 'Tommo' Thomas ac fe wnaeth Tommo set o ddrumsticks i ni, cyn ei ddyddiau fel DJ. Ro'n i'n nabod Andrew ers yn fachgen ifanc, mae'n gymeriad lliwgar a hoffus ac un o'n ffans cynta ni yn y dre.

Un o'r pethau nesa o'n blaenau ni oedd yr Eisteddfod Ryng-gol yn Aber, yn chwarae gydag Edward H. Yn y *soundcheck* ar lwyfan y Neuadd Fawr daeth ein profiad cynta o rywun o'r enw Dewi Morris. Wrth i ni fynd trwy un o'r caneuon ar y llwyfan daeth rhywun o'r cefn gyda barf fawr ddu a het yn gweiddi bod gormod o sŵn gyda ni, a thaflu ei freichiau o gwmpas yn wyllt. Ro'n ni i gyd yn meddwl taw'r gofalwr neu rywun oedd e (dwi'n *short-sighted* heb sbectol!) ond Mr D Pws oedd e, yn falch ei fod e wedi'n twyllo ni! Profiad cynta bythgofiadwy o'r bonheddwr o Dreforys!

### 'Geiriau'

Yna daeth yr awydd i recordio 'Geiriau' fel sengl gyda dwy gân arall sef 'Annwyl Rhywun' a'n fersiwn ni o 'Cura Dy Law' gan Meic Stevens. Y tro yma ro'n ni isie dewis stiwdio oedd yn agosach i gartre a chlywson ni, trwy Eurof, am stiwdio yng Nghwmgiedd, Ystradgynlais o'r enw Stiwdio'r Bwthyn. Roedd Crys wedi recordio *Lan yn y Gogledd* yno ac roedd y sŵn yn arbennig. Felly, un prynhawn dydd Sul aethon ni i weld Richard Morris, neu Moz, oedd yn rhedeg y stiwdio. Roedd y lle'n anodd i'w ffeindio ac yng nghanol rhyw allt gyrhaeddon ni Stiwdio'r Bwthyn a Richard Morris.

'How's it going?' oedd y cyfarchiad cynta ac ar ôl clywed ein hacenion ni dyma fe'n dweud, 'From north Wales are you, boys? You sound very Welshy,' medde fe yn ei acen Abertawe.

'No, Cardigan,' wedon ni, 'on the west coast – the pearl of Ceredigion!'

Sai'n siŵr a oedd e'n deall ein hiwmor ni yn syth! Ond ar ôl sgwrs hir trefnwyd i ni ddod 'nôl a chytuno ar bris. Eurof fydde'n cynhyrchu, roedd e'n deall y sŵn ro'n ni isie.

Roedd mwy o fois y dre yn dod i glywed ni'n ymarfer ac ambell waith roedd y festri fel clwb ieuenctid, gyda rhai'n chwarae darts a tennis bwrdd wrth i ni weithio'n galed! Os bydde'r tywydd yn ffein bydden ni'n gadael y drws ar agor, a phobol yn dod o'r maes parcio i fusnesa a gofyn beth oedd yn digwydd ac, wrth gwrs, roedd yn rhaid stopio chwarae yn aml. Ro'n i'n teimlo fel dweud ambell waith:

'We're a band. That's why we're playing these things we've got around our necks!'

Ein nod nawr oedd ymarfer y tri thrac ar gyfer y recordiad. Yn anffodus, roedd Kevin yn cael trafferth ar y drymiau a chael y bît yn iawn ond roedd yn rhaid gobeithio'r gorau.

Er taw stiwdio 8-trac oedd gan Richard roedd e'n llwyddo i gael sŵn arbennig ac roedd e'n gerddor gwych. Dechreuodd ar y gwaith o gael y drymiau i lawr yn gynta ond, yn anffodus, roedd Kevin yn gorfod gweithio'n galed i gael pethau'n iawn a dim ond ar 'Curo Dy Law' chwaraeodd e. Roedd Richard yn gallu chwarae drymiau, diolch i'r drefn, a phenderfyniad Eurof oedd i Moz chwarae'r drymiau ar 'Geiriau' ac 'Annwyl Rhywun'. Derbyniodd Kevin bopeth yn ei ffordd ddiffwdan, chwarae teg iddo.

Gambl oedd gwasgu 1,000 o gopïau o *Geiriau* ac roedd hon yn adeg bwysig arall yn ein gyrfa. Profodd 'Geiriau' yn fwy poblogaidd nag unrhyw gân arall y band ar y pryd ond roedd yn rhaid darganfod drymiwr newydd.

Robert Newbold o Swydd Stafford, rheolwr mewn ffatri ddillad yn y dre, ddaeth yn lle Kevin. Roedd hiwmor ffraeth gyda Robert ac roedd e'n hoffi'r ffaith ein bod ni'n canu yn Gymraeg. Fe wnaeth e ffitio i'r band fel maneg – er ei fod yn cefnogi West Brom! Un tro, wrth deithio drwy Plwmp (sydd rhwng Aberaeron ac Aberteifi) roedd llygoden fawr anferth yn croesi'r hewl, a welodd y fan yn rhy hwyr, a dyma Robert yn dweud, fel petai yn sgidie'r anifail anffodus:

'Wow, it's Ail Symudiad... arrrggh!'

Roedd e hefyd yn llunio cartŵns o fandiau eraill, rhai doniol tu hwnt.

Llifodd y gigs i mewn ar ôl rhyddhau *Geiriau* ac roedd y sengl yn gwerthu'n dda, a recordion ni'r gân 'Geiriau' ar raglen *Sêr* HTV. Pan ddaeth yr Eisteddfod i Fachynlleth roedd y set wedi cynyddu tipyn. Chwaraeon ni mewn Sesiwn Sgrech yn Aber gyda Rhys Powys ar y drymiau am y tro yn lle Robert. Cafwyd ymateb anhygoel, roedd e'n *overwhelming*, yn anghredadwy, a phawb yn canu 'Geiriau' gyda ni, ac oherwydd maint y stafell ym mar cefn yr Angel roedd yr ymateb yn fyddarol.

Roedd hi'n help bod geiriau 'Geiriau' ar glawr y sengl ac mae'r gân yn sôn am bobol sy'n dod 'nôl i Gymru i fyw ac yn meddwl ein bod 'ni a arhosodd ar ôl' ddim mor ddiwylliedig â nhw:

Gwrando, gwrando ar y geiriau
O'r rhai sydd wedi anghofio,
Anesmwyth yw'r cysylltiad.
Siarad, siarad gyda brwdfrydedd
Am y fraint a'r anrhydedd,
Geiriau heb deimlad sy'n rhad.

A gawn dawelwch nawr
O'r brawddegau niwlog
Sy'n meddwl dim i ni,
Ffyddlondeb ffug, emosiwn ail-law.

Trefnwyd taith haf y flwyddyn honno gyda Chwarter i Un (grŵp o goleg Aber). Eryl Fychan oedd yn trefnu ac roedd y gigs yn cynnwys Neuadd Penrhyndeudraeth a Casablanca yng Nghaerdydd. Roedd hyn yn lot o sbort, a bois Chwarter i Un yn gwmni da. Yn Nhanybont, Caernarfon, roedd un o Gofis y dre yn siarad â Robert, a fe'n chwerthin ac yn cytuno. Es i lan at Rob wedyn:

'What did he say?' wedes i.

'I haven't got a clue! I just didn't have the heart to tell him I don't speak Welsh!'

Er hynny, roedd e'n dechrau dod i ddeall mwy. Roedd dilynwyr AS yn hoffi'r dyn diymhongar o ganolbarth Lloegr yn fawr.

Rhyfedd oedd mynd i rywle a phobol yn gofyn am ein llofnod. Do'n ni ddim yn meddwl amdanon ni'n hunain fel 'sêr'. Mae'n swnio fel *cliché* ond dyna'r ffaith, ac roedd ein *roadies* yn cadw'n traed ni ar y ddaear, beth bynnag – er bod Clive Phillips yn hoffi dweud, 'Heady days, bois, heady days'!

## Paradise Garage

Ar un ymweliad â Chaerdydd ac wrth cael brêc o recordio ar gyfer rhaglen deledu, aethon ni mewn i'r ddinas a darganfod lle o'r enw Paradise Garage, sef siop ddillad pync. Roedd sawl dilledyn yn apelio, a'r peth cynta wnaeth ddal fy llygad i oedd sane *dayglo* melyn a thei *glitter* aur. Prynodd gweddill y band gwpwl o bethau hefyd. Roedd hi'n siop grêt, er ei bod hi'n fach. Fe wnaeth Paradise Garage argraff arnon ni i gyd, ac felly ysgrifennais gân a'i galw'n 'Garej Paradwys'. Mae'r geiriau'n llawn metaffors am bync, y mudiad a arweiniodd at ffurfio AS ac a roddodd i fi, yn bersonol, bwrpas mewn bywyd:

Dewch i lawr i Garej Paradwys.
Cawn weld y wawr o Garej Paradwys,
Yr haul sy'n gwenu ar Garej Paradwys,
Lliwiau'r enfys yng Ngarej Paradwys.

Cytgan:
Trowch nawr yn ôl a dweud hwrê
I fynd i'r hyfryd le.
Y drysau sy'n agor i ni
A'r freuddwyd yn dod yn wir!

Dewch yn eich miloedd i Garej Paradwys,
Mewn canrifoedd i Garej Paradwys.
Anghofiwch rifau yng Ngarej Paradwys,
Rwy'n gweld y golau o Garej Paradwys!

Roedd Moz (Richard Morris) wedi symud ei stiwdio erbyn hynny i Ystalyfera a'r cynllun nawr oedd llogi ei stiwdio unwaith eto, gan ein bod mor hapus â sŵn *Geiriau*. Mewn un gìg blaenorol, do'n i ddim wedi ysgrifennu geiriau

llawn i 'Garej Paradwys', felly dywedodd Wyn wrtha i am eu
wafflo nhw. Dwi'n cofio Hubert, PA Rocyn, yn dweud bod y
*lyrics* yn swnio'n od! Ro'n ni'n dechrau dod i adnabod nifer
o grwpiau yn well fel Angylion Stanli, Crys, Doctor, Derec
Brown a'r Racaracwyr, Jîp, Bando, Crys, Eryr Wen, Clustiau
Cŵn, Enwogion Colledig a grŵp newydd o'r Felinheli o'r enw
Y Ficar – hogie tawel, swil! – i enwi dim ond rhai, ynghyd â
neud nifer o ffrindiau yn y sîn.

Yn yr hydref aethon ni'n ôl i Stiwdio'r Bwthyn i recordio
'Garej Paradwys' a 'Ffarwél i'r Fyddin'. Roedd yn waith caled
i gael pob dim yn iawn, a dyna'r tro cynta i Robert fod mewn
stiwdio. Blinedig yw'r gwaith yma, yn enwedig gyda swydd
9 tan 5. Rhaid recordio'r drymiau yn gynta ac wedyn rhoi'r
offerynnau eraill ar ben y trac dryms. Cymerodd hi fwy nag
un ymweliad ag Ystalyfera i gwblhau popeth. Mewn un
sesiwn hir ddaeth Wyn ddim adre tan tua 5 o'r gloch y bore,
ar ôl gorffen pethau gyda Moz, a *deadline* gorffen y record yn
dod yn nes.

Malcolm oedd yn gyfrifol eto am glawr *Garej Paradwys*,
ac ro'n ni'n stico'r cloriau at ei gilydd gydag Evo-Stik – glud
pwerus iawn! Profodd y sengl yn eitha poblogaidd, gan fynd
'nôl â ni i'n gwreiddiau ton newydd.

Ar un ymweliad â'r brifddinas ro'n i'n benderfynol o fynd
â chopi o *Garej Paradwys* i'r bachgen oedd yn rhedeg y siop
Paradise Garage ac roedd y sioc yn amlwg wrth iddo dderbyn
cwpwl o gopïau.

'You wrote a song about my shop!'

Roedd e'n 'chuffed to bits' ond yn gwybod dim am y sîn
roc Gymraeg a chwarae teg iddo, fe ddaeth e i un o'n gigs ni
yng Nghaerdydd.

Roedd Derec Brown yn ymweld â ni o bryd i'w gilydd,
a thyfodd hoffter ynddo o Aberteifi ac, wrth gwrs, Derec
ysgrifennodd 'Harbwr Aberteifi' tra oedd e'n aelod o
Hergest. Daeth e lawr un bore ac wrth 'gerdded rownd y
dre' cwrddodd â sawl un o'n ffrindiau, gan gynnwys Kevin

Davies, lleisydd y Diawled. Dywedodd e tu fas i'r swyddfa bost,

'Des i am ddwy awr a dwi wedi aros am byth!'

'Dyna beth ma Aberteifi yn neud i ti!' wedodd Wyn a fi.

Roedd y ffaith eu bod nhw'n dod o dre Aberteifi yn eu gwneud nhw'n wahanol, gyda phrofiadau byw mewn tre yn amlwg yn y caneuon. Dros y blynyddoedd maen nhw wedi cofnodi'r byd o'u cwmpas, o hynt a helynt pobol yr ardal a digwyddiadau lleol i sylwadau ar bynciau ymhell o lannau afon Mwldan.

Derec Brown

Roedd aelodau band Derec yn gymeriadau a hanner; yn eu plith roedd Dafydd Saer, Mike Lloyd Jones a Derek Harries. Daeth Mam a Dad yn gyfarwydd i nifer o bobol hefyd, gan taw Goginan, cartre'r teulu, oedd 'swyddfa' Fflach, a Betty wedi bod yn *receptionist* i ni! (Roedd hi'n gweithio yn *telephone exchange* Aberteifi ar yr un adeg â mam David Edwards, Datblygu.) Roedd hi wedi hen arfer â chwestiynau ar y ffôn a bydde hi'n aml yn holi hanes rhai o'r bobol oedd yn ffonio. Roedd hi'n siarad yn hirach na fi ar y ffôn gyda rhai pobol! Dyma enghraifft:

'Wedd e'n whare organ yn capel, chi'n gwbod, ond nawr dwi'n cael jobyn i gael e i fynd o gwbwl!' a fi'n crinjan yn y stafell drws nesa; neu am Wyn:

'Amser we Wyn yn ifanc, wech chi ffeili cael gair mas o fe!'

Ar faes yr Eisteddfod bydde rhai'n gofyn, 'Shwt ma Betty 'da chi?'

Aethon ni ar y rhaglen *Sêr* i ganu 'Garej Paradwys', wedi'n gwisgo mewn mwy o ddillad o'r siop. Roedd y criw yn HTV, gan gynnwys Myfyr Isaac, yn gyfeillgar iawn, ynghyd ag Arfon Haines Davies a Caryl Parry Jones ac ro'n ni'n edrych mlân i fynd yna bob tro. Cael sgwrs ddifyr a chwarae *skittles* yn yr Halfway amser cinio gyda hanner lager a siarad am gerddoriaeth gyda Myfyr ar y ffordd 'nôl i'r stiwdio.

### Trwynau Coch

Y Nadolig hwnnw, 1981, daeth gyrfa'r Trwynau Coch i ben gyda dau gìg – un yng Nghorwen a'r llall ym Mlaendyffryn. Cyfnod trist ond roedd hi'n anrhydedd wrth i'r Trwynau ofyn i ni chwarae yn y ddwy noson a alwyd yn 'Trwynau'n Rhedeg yn Sych'.

Ar Rhagfyr 31, 1981 daeth noson ola 'Trwynau'n Rhedeg yn Sych' ym Mhlas Blaendyffryn, Llandysul – y noson ola yn y de. Yn ôl yr arfer, roedd bysiau rhyfedda'n troi lan ac eto roedd yr emosiwn yn uchel. Roedd Robin, Robert, Wyn a fi yn hoff iawn o'r bois o Gwm Tawe, ac, wrth gwrs, roedd Huw Chiswell, allweddellau, a Brian Sansbury, *sax* o Aber yn aelodau o'r TCs ers tipyn. Bydden ni'n gweld isie'r hwyl mewn partïon ar ôl gigs y blynyddoedd a fu a'r cyfeillgarwch cyffredinol oedd rhwng y ddau fand.

Fe es i a Wyn, ynghyd â Robin, ar y llwyfan am un o'r caneuon ola, ond sai'n cofio pa un oedd hi. Dwi'n credu ddaeth Robert arno hefyd, ac ar ôl hynny, neidio o'r llwyfan ac ymuno â'r dorf i'w galw nhw'n ôl sawl gwaith, ac anodd credu taw dyna fydde'r tro ola i ni glywed 'Methu Dawnsio', 'Rhedeg rhag y Torpidos', 'Un Sip Arall o Pepsi Cola', 'Mynd i'r Capel mewn Levis' a 'Wastad ar y Tu Fas' yn fyw. Ro'n nhw'n cwmpasu egwyddorion bandiau'r don newydd: ddim yn poeni am enwogrwydd, dim ond helpu bandiau eraill – ro'n nhw'n barod i fenthyg offer bob tro.

Roedd cannoedd wedi dod i Gorwen ar Ionawr 1, 1982 i weld eu gìg ola ac, wrth gwrs, roedd bandiau eraill yna, gan gynnwys Crys. Cafodd y Trwynau ymateb gwych fel arfer a chawson nhw eu galw 'nôl sawl gwaith, ac ar y diwedd fe wnaethon nhw ein gwahodd ni i gyd ar y llwyfan. Am ryw reswm, wnaeth Wyn a fi wrthod mynd. Mae'r rheswm damaid bach yn niwlog nawr – efallai ein bod ni'n teimlo taw eu noson *nhw* oedd honno i fod.

Mewn adolygiad o'r noson dywedwyd yn *Sgrech* fod y Trwynau fel petaen nhw'n pasio'r awenau i Ail Symudiad. Roedd hwn yn ddatganiad mawr, a thipyn o waith gyda ni i lanw sgidie'r TCs. Ond, gyda Fflach yn ei le, nawr oedd yr amser i feddwl am recordio bandiau eraill a rhoi'r cyfle iddyn nhw deimlo'r wefr o fod ar record, a hefyd ffeindio amser i neud gigs, ymarfer, cymdeithasu, neud cyfweliadau a chwarae Galaxian yn yr Arcade ger y Mwldan. Ffiw!

# 3

# Sefyll ar y Sgwâr

AR DDIWEDD 1981 daeth y newyddion syfrdanol, a chyfrinachol ar y pryd, trwy lythyr gan Glyn Tomos, golygydd *Sgrech*, fod Ail Symudiad wedi ennill Prif Grŵp Roc 1981. Roedd y ffaith bod darllenwyr y cylchgrawn wedi pleidleisio droston ni yn rhoi tipyn o falchder i ni. Roedd y noson wobrwyo i'w chynnal ym Mhafiliwn Corwen ar Ionawr 23, 1982 a'r teimlad oedd bod yr holl waith a'r gigs di-ri wedi bod yn werth y drafferth.

Yr adeg hon, roedden ni'n ysgrifennu mwy o ganeuon ar gyfer rhyddhau recordiau gan AS ac yn meddwl am y bandiau ro'n ni isie eu recordio yn ystod y flwyddyn, ond rhaid oedd canolbwyntio am y tro ar ymarfer ar gyfer y noson fawr. Dim ond tua pum cân oedd eu hangen ar gyfer ein slot ni o tua 20 munud, a neud yn siŵr eu bod yn ddigon hir. Dwi'n cofio ni'n chwarae mewn clwb y flwyddyn cynt a gorffen ugain o ganeuon mewn tua 45 munud a'r rheolwr yn dweud, 'Chi 'di gorffen yn barod?!' felly penderfynwyd cario mlân am hanner awr arall. Pan ddechreuodd gyrfa'r grŵp roedd *ditty* o'r enw 'Rhifau' gyda ni oedd yn para tua munud a hanner. Ymateb pync a'r don newydd oedd hyn i ganeuon grwpiau *prog rock* y 70au â'u caneuon oedd yn para am ddiwrnodau cyfan!

Roedd yn rhaid meddwl am togs newydd ar gyfer Noson Gwobrau Sgrech ac ro'n ni'n ffodus fod sawl siop dda yn Aberteifi ar y pryd ar gyfer dillad eitha modern, fel Cupid yn Stryd y Priordy ac, wrth gwrs, roedd Paradise Garage lawr yr hewl yng Nghaerdydd! Roedd Cupid yn arbenigo mewn crysau Ben Sherman a brynes i siaced *two-tone* 'mod' o siop yn Carnaby Street, Llundain trwy'r post. Roedd Wyn a Robin yn eitha trendi hefyd, a Robert yn ffafrio crys-T a *jeans*. Dywedodd Rhys Mwyn yn y *Daily Post* taw AS oedd y grŵp cynta Cymraeg i wisgo fel grŵp pop/roc – tipyn o gompliment yn wir!

Daeth hi'n amser am y daith i Gorwen a phan glywon ni fod offer Virgin Records yn cael eu defnyddio ar gyfer recordio'r noson, ychwanegodd hynny at y cynnwrf. Roedd yn hyfryd cwrdd â'r artistiaid eraill oedd wedi ennill gwobrau – Y Ficar, Omega, Rhiannon Tomos a'r Band a'r diweddar anhygoel Tich Gwilym i enwi dim ond rhai.

Roedd tua 1,500 yn y dorf – y fwya roedd AS wedi chwarae o'i blân erioed – ac roedd y nerfau'n janglan fel un o gitârs y Buzzcocks! Daeth Hubert Mathias o PA Rocyn i'r gìg hefyd a, chwarae teg iddo, roddodd e *team talk* i ni gan ddweud, 'Cerwch mas a joiwch eich hunain!' Helpodd hynny i setlo nerfau Robert, Wyn, Robin a fi rhywfaint a chyn bo hir daeth yn amser i ni neud y set. Gwestai arbennig ar gyfer y noson oedd deryn arall a ychwanegwyd at adar Ail Symudiad – Cyril y Sguthan (y teip o dderyn mae pobol yn ei ddefnyddio fel *decoy*) a Malcolm fuodd yn ddigon lwcus i gael ei ddewis i guddio tu ôl i amp a symud yr adenydd lan a lawr! Mae hyn i gyd i'w weld mewn ffilm o'r noson yn ystod un o'r caneuon! Diflannodd y nerfau yn glou wrth i'r gynulleidfa ymateb yn frwd a daeth Dygs (Dylan Huws) o'r Ficar mlân a dawnsio i'r gân *ska*-aidd 'Hyfryd Bingo'. Y Ficar enillodd Grŵp Addawol y Flwyddyn. Ro'n ni i gyd yn ddiolchgar i griw *Sgrech* am drefnu noson arbennig ac roedd tipyn o rialtwch yn y fan ar y ffordd adre wrth i ni agor fflasg a chael dished o de a Welshcake yr un i ddathlu!

## Fflach

Yn sgil hyn derbyniwyd gwahoddiadau i gynnal mwy o gigs, mewn llefydd nad oedd y band wedi chwarae o'r blân, fel Dixieland, Rhyl a'r Top Rank, Caerdydd, a chynnydd hefyd mewn dawnsfeydd neuaddau pentre. Gyda galwadau teledu a'r sefyllfa ariannol yn gwella dechreuwyd ar y gwaith o recordio a rhyddhau bandiau eraill ar ein label newydd, Fflach. Felly, ar ôl cynnwrf Corwen, aethon ni ati i wahodd bandiau i recordio gyda Richard Morris yn Stiwdio'r Bwthyn, Ystradgynlais. Penderfynwyd ar bedwar band/artist i recordio un trac ar gyfer EP felly dewiswyd Y Diawled, Y Ficar, Eryr Wen a Malcolm Neon. Tipyn o waith oedd cydlynu hyn ond ar ôl trafod gyda Moz roedd pob un wedi'u bwcio i mewn i'r stiwdio.

Cyn hir roedd *Fflach 004* yn barod – y disg cynta o artistiaid ar label Fflach nad oedd yn cynnwys Ail Symudiad. Malcolm wnaeth y clawr, yn dilyn syniadau gan y bandiau. Rhyddhawyd yr EP gyda chymorth Cymdeithas Adloniant Cymru, y mudiad oedd yn trefnu Twrw Tanllyd, ac ro'n ni'n gwerthfawrogi'r help yn fawr. Roedd CAC, ynghyd â *Sgrech* a'r ffansins, yn bwysig iawn i dwf y sîn roc Gymraeg yn y 70au hwyr a'r 80au cynnar, heb angofio *Sosban* a'r rhaglen bop *Sêr*, a hefyd roedd ambell raglen arall yn cynnwys bandiau roc a phop Cymraeg. Roedd disgos Cymraeg yn ychwanegu llawer at y gigs – Disgo'r Llais, Disgo Alun ap Brinli a Disgo Aled Wyn i enwi dim ond tri – a dwi'n siŵr bod hynny'n helpu gwerthiant recordiau. Cafwyd lot o hwyl, wrth gwrs, gyda chymeriadau fel Emyr neu 'Himyrs', Y Ficar, a oedd yn dechrau neud dynwarediadau yr adeg hynny. Roedd ffilm am wersylla o'r enw *Nuts in May*, rhan o 'Play for Today' gan y BBC, ac Alison Steadman yn serennu ynddi, ac roedd ei gŵr *eccentric* Keith yn y ffilm yn cael ei gopïo'n berffaith gan Himyrs! Llwyddiant yr EP oedd gwahanol arddulliau'r bandiau – o *ska*, pop a roc trwm i sŵn unigryw Malcolm Neon yn canu 'Paid Gadael Fynd'.

## Y Bocs

Roedd Robert wedi prynu drymiau newydd, a gan bod Malcolm yn saer penderfynodd neud bocs pren mawr i gadw'r stands a'r symbalau ac ati yn saff yn y fan ac i gario'r offer i mewn i gigs. Ar ôl rhoi'r holl drugareddau ynddo, roedd yn pwyso tunnell! Dwi'n cofio'n *roadies* ni i gyd yn treial osgoi cario'r bocs. Roedd Mal yn ofalus iawn ynghylch sut roedd gosod pethau yn y fan ac roedd gwaedd yn aml o 'Ofalus, ofalus!'

Yr adeg hon hefyd brynes i Yamaha SG 2000, dim ond yr ail gitâr *dda* i fi brynu – dwi ddim yn *guitar geek* – ond roedd y lliw yn neis ac roedd un 'run peth gyda Stuart Adamson o'r Skids a hefyd gan un o aelodau Stiff Little Fingers o Ogledd Iwerddon. Prynodd Wyn gitâr fas Fender Jazz ar ymweliad â Llundain ond cafodd ei dwyn mewn gìg yn fuan ar ôl hynny – ond o leia cawson ni weld golygfeydd Llundain ac Abbey Road!

Roedd Angylion Stanli yn fand arall a ddaeth yn adnabyddus iawn yn y sîn roc, ac ro'n ni wedi dod yn ffrindiau gyda nhw hefyd, felly cawson ni'r syniad gwahanol o recordio sengl gyda nhw ar un ochr a chân gan Ail Symudiad ar yr ochr arall. Daeth y band lawr i Stiwdio'r Bwthyn i recordio 'Emyn Roc a Rôl', a brofodd yn gân boblogaidd iawn i'r hogie. 'Edrych trwy y Camerâu' oedd offrwm Ail Symudiad, a dyna ddechrau blwyddyn brysur i Fflach, gyda gwerthiant y sengl yn mynd yn dda. Grŵp arall a recordiodd i Fflach yr adeg hyn oedd Derec Brown a'r Racaracwyr gyda'r ddwy gân boblogaidd 'Bois y Band' a 'Mae 'Nghariad yn Hoffi Roc a Rôl' – recordiwyd y rhain yn Stiwdio Loco, Caerleon. Roedd y Racaracwyr yn grŵp arall o gymeriadau mawr, fel Mike Lloyd Jones, Derek Harries a Dafydd Saer ynghyd â Mr Brown ei hun wrth gwrs, oedd yn dod o 'Athens y Gorllewin' fel mae Derec yn galw Caerfyrddin!

## 'Lleisiau o'r Gorffennol'

Roedd mwy o ganeuon yn datblygu gydag AS, a'r recordiad nesa oedd *Lleisiau o'r Gorffennol/Dilyn y Sebon*. Roedd ein ffrind Graham Bowen yn dweud bod Carlo ei gi defaid yn mynd yn ddwl pan oedd *Pobol y Cwm* yn dod mlân ar y teledu, felly penderfynais ysgrifennu 'Dilyn y Sebon' fel teyrnged i Carlo. Hon oedd cân gynta AS i gael ei hysbrydoli gan gi – ond roedd mwy i ddod!

Rwy isie gwrando
Ond ma rhywun yna'n curo
Ac rwy'n neidio i'r drws yn sydyn iawn.
Rwy isie mynd allan
Ond mae rhywbeth yn fuan
Yn galw fi yn ôl i eistedd lawr.
"Beth sydd yn y cwestiwn?"
Mae hi yn gofyn – beth?
Sefyllfa beryglus – ble? Yn y gegin!

Dilyn y sebon x 4
Mae pob un isie gwybod beth dwi'n neud
Yn aros o flaen y set.

Ymateb tebyg i *Geiriau* a gafwyd i *Lleisiau o'r Gorffennol*, a dwi'n meddwl bod dilynwyr y band erbyn hyn yn hoffi ambell gân gymharol araf. Eto, gwerthodd hon yn dda i ni mewn gigs ac erbyn hyn roedd rhai senglau'n cyrraedd y siopau hefyd, ond gwaith anodd oedd dosbarthu. Cyflwynwyd y sengl i Gwilym (Bert) a Llinos, oedd mor garedig wrth roi gwely a brecwast i ni (a swper yn aml!) pan o'n ni'n aros yn y gogledd, yn enwedig ar ôl gìg yn Nhanybont, Caernarfon, lle roedd croeso mawr o hyd gan Dic ac Eirlys. Yn debyg i 'Geiriau', roedd y gynulleidfa yn canu 'Lleisiau' gyda ni mewn gigs...

Mae popeth yn glir, oes dewis nawr i ni
O'r esboniadau wrth y mil,
Ble mae y rhyddid sy'n edrych mor bell?
Rwy'n ysbryd aflonydd sy'n gweld dyddiau gwell.

Rwy wedi dechrau 'nhaith ers amser maith
Ac mae'r neges yn blaen a'r ffeithiau yn noeth.
Pryd cawn ni symud ymlaen o fan hyn
I ryw fath o harddwch heb syniadau llym?

Rwy'n cadw dod yn ôl
I edrych ar y rhai ffôl,
Mae adroddiadau doeth lawer gwaith
Yn aros yn y cof – lleisiau o'r gorffennol.

Roedd Tanybont yn lle arbennig ac yn sicr yn ffefryn
gyda ni ac roedd Skins Penygroes yn hoff iawn o 'Garej
Paradwys'!

Ddechrau haf 1982 daeth dau wahoddiad ro'n ni'n hapus
iawn i'w derbyn: CAC yn cynnig taith haf i ni, a gwahoddiad
gan Sain i recordio albwm ar y cyd. Cyn mentro ar y gwaith
o ymarfer ar gyfer y daith a'r gigs oedd ar y gorwel – ac wrth
baratoi caneuon ar gyfer yr LP – penderfynodd Robert, Wyn
a fi fynd yn driawd. Er ei fod yn benderfyniad anodd, doedd
Robin ddim yn dod adre'n aml gan ei fod yn y brifysgol yn
Abertawe. Roedd hyn yn siom fawr i Robin, wrth gwrs, ond
y teimlad oedd y bydde hi'n rhwyddach i ni gario mlân fel
tri, gan fod llawer o waith o'n blaenau ni yn ystod yr haf
hwnnw. Byddwn o hyd yn ddiolchgar iddo am ei gyfraniad
i Ail Symudiad, a hefyd am ein cyflwyno ni i fwyd Indiaidd
yn Abertawe ar ôl gìg ym 1981. (Doedd dim bwyty Indiaidd
yn Aberteifi yn yr 80au cynnar, ond nawr mae 'na bedwar!
*Result!*)

## Sgarffiau

Un o'r gigs yn Eisteddod Abertawe oedd perfformiad yn y Ganolfan Hamdden ac roedd y band isie neud rhywbeth gwahanol ar gyfer y noson. Y penderfyniad, ar ôl trafod nifer o syniadau, oedd cynhyrchu sgarffiau Ail Symudiad, gyda'r sgarff yn rhan o'r pris mynediad. Felly, rhaid oedd edrych am wahanol gwmnïau fydde'n gallu neud sgarffiau i ni – tasg anodd cyn dyddiau'r we ac eBay. Ond, trwy wahanol gylchgronau, cawson ni afael ar gwmni o'r diwedd, ac archebwyd tua 500 o sgarffiau gyda logo AS yn las a'r sgarff ei hun yn felyn. Yn *brochure* y cwmni roedd nifer o sgarffiau'n cael eu hysbysebu ac ar un dudalen roedd sgarff y band KISS ar bwys ein sgarff ni – grŵp oedd ag arddull hollol wahanol i Ail Symudiad!

Ar ôl tipyn o ymweliadau â'r festri i ymarfer daeth yn amser mynd i'r Eisteddfod. Roedd hi'n gyfnod digon prysur, gyda stondin Recordiau Fflach yn uned CIG ar y maes, ynghyd â'r holl gigs. Yn ein helpu ni ar y stondin roedd ein ffrindiau Rhian, Eirian, Buddug ac Ann. Roedd Ann (a ddaeth yn wraig i fi yn ddiweddarach) ac Eirian o Flaenffos nid yn unig yn helpu yn ystod yr Eisteddfod ond hefyd yn y misoedd cyn hynny yn gludo cloriau Recordiau Fflach yn yr HQ yn Tenby Road! Aeth gìg y sgarffiau'n dda ar nos Sul gynta'r ŵyl a sawl cant yn y dorf. Ond roedd gwell i ddod, gyda thorf enfawr yn y Top Rank yn Abertawe. Roedd rhai'n dweud taw dyna un o'r torfeydd mwya mewn dawns Gymraeg yr adeg hynny! AS oedd yn gorffen y noson a chafwyd perfformiadau gwych gan Bando, Doctor a Malcolm Neon.

## Gìg y Cacwn

Roedd hynny ar y nos Wener a chyn hynny, yn ystod y dydd, roedd gìg gyda ni ym mhabell Jacs yn Joio, y babell ieuenctid ar y Maes. 'Gìg y Cacwn' oedd hon! Dwi'n hoff iawn o fyd natur, gan fod Aberteifi a'r ardal yn ddelfrydol ar gyfer mwynhau hynny, ond ddim pan mae cacwn yn glanio ar eich trwyn a chithe ar ganol canu! Ces i gymaint o ofn roedd yn rhaid i ni

41

stopio'r gân ac ymddiheuro i'r gynulleidfa. Ond roedd llawer o chwerthin yn y babell a lot o dynnu coes o gwmpas y Maes ar ôl hynny!

'Ble ma'r cacwn 'da ti?'

'O, hales i fe adre. Maen nhw'n brin yn Aberteifi leni!'

## Taith Symud Trwy'r Haf

Dyna'r Eisteddfod orau eto i'r band ond doedd dim amser i ymlacio llawer gan ein bod ar yr hewl yn gyflym wedyn gyda Symud Trwy'r Haf – Taith Haf Ail Symudiad, a drefnwyd gan CAC. A chyn hynny roedd yn rhaid ymarfer y caneuon ar gyfer yr albwm.

Dechreuodd y daith ar nos Lun, 9 Awst, ym Mhontgarreg ger Llangrannog, lle roedd crysau-T cynta'r band ar werth ac, ar ben hynny, roedd yna siacedi gyda enw AS i'r *roadies*, trefnwyr y daith a ni. Y Diawled oedd yn ein cefnogi ni. Roedd yn rhaid i Robert ddod i bob noson ar ei foto-beic gan ei fod yn ffaelu cael diwrnodau bant o'i waith.

Nesa, roedd Neuadd y Dre, Rhydaman gydag Eryr Wen a dyna beth oedd noswaith *bizarre*. Yn ystod y prawf sain, a ni ac Eryr Wen yn mynd trwy'r caneuon, daeth y gofalwr i mewn a gweiddi 'That's far too loud, boys!' Roedd rhyw gadjet gydag e yng nghefn y neuadd ac aeth i droi e mlân. 'Now then, play again, please.' Dechreuon ni'r gân eto ac aeth rhyw larwm off, felly roedd yn rhaid troi'r sain i lawr. Arhosodd y gofalwr drwy'r gìg i gyd er mwyn neud yn siŵr na fydden ni'n troi sain yr amps lan. A nath e ddim hyd yn oed dawnsio!

Roedd seibiant o un noson wedyn, cyn mynd mlân i Wersyll yr Urdd, Glan-llyn gyda'r grŵp Y Posteri a wedyn 'nôl i'r gorllewin i Flaendyffryn gyda'r band o ogledd Penfro, Rocyn, oedd yn rhan o gang *musos* tafarn y Commercial, Aberteifi. Daeth cannoedd i Flaendyff, er ei bod hi'n wyliau haf; roedd sicrwydd pob tro o gynulleidfa dda yn yr hen blas.

Nos Sadwrn ola'r daith, a mynd i neuadd bentre Llannerch-y-medd, Sir Fôn gyda'r Ficar. Roedd hon yn noson dawelach ond braf oedd cwrdd â'r hogie o Felinheli unwaith eto ac, yn wir, roedd yn braf cymdeithasu â'r bandiau i gyd ar y daith.

Doedd dim amser i droi rownd bron cyn pacio'r bagiau unwaith eto a mynd i Stiwdio Sain i recordio'r albwm gyda Richard Morris, y cynhyrchydd, ac Eryl o Sain yn peiriannu. Caneuon newydd i gyd ac yn eu mysg roedd 'Beth yw Hyn', cân am Dde Affrica a brwydr Nelson Mandela; 'Symud trwy'r Haf', am chwarae pêl-droed yn Mwnt a charafanwyr; a 'Lliw Llawenydd', 'Sefyll ar y Sgwâr', 'Anifeiliaid' a 'Cymry am Ddiwrnod'. Wrth i'r wythnos recordio fynd yn ei blaen – ac oherwydd ein caneuon byr – sylweddolwyd bod yr LP yn llai na hanner awr o hyd, felly roedd yn rhaid meddwl am rywbeth arall!

Awgrymodd Moz, gyda 'Cymry am Ddiwrnod', y gallen ni chwarae tôn y gân eto ar ôl brêc yn y canol. Felly, aeth ati'n gelfydd iawn i ail-greu'r gân trwy chwarae nifer o gitârs ar ben ei gilydd, oedd yn swnio fel syntheseinydd ar adegau. Moz wnaeth y lleisiau cefndir i gyd ac, yn ei farn e, roedd hyn yn creu rhyw fath o anthem. Mae'r geiriau'n sôn fwya am ddilynwyr rygbi mewn gêmau rhyngwladol oedd yn ddigon bodlon cefnogi Cymru ar y maes chwarae ond ddim yn barod i gefnogi annibyniaeth i Gymru fel gwlad. Yn y canol mae swn torf yn gweiddi 'Wales...Wales...'.

Chwifio gyda balchder mae y ddraig
Er bod mis Mawrth yn dechrau agosáu,
Bryd hynny bydd y Cymry am ddiwrnod
Yn esgus bod yn ffyddlon,
Baneri ar y tai
A bydd canu mawr yn neuadd y dre,
Noson Gymraeg, dim byd o'i le,
Cadw'r cennin hyd amser te,
Cofiwch y dyddiad, does dim gwahaniad
Yn awr – cofiwch y teimlad, peidiwch gadael Gwalia lawr.

43

Calonnau yn newid am y dydd,
Coch a gwyn yn cerdded lawr y stryd,
Gweiddi am eu gwlad mae pawb yn un,
Ennill y frwydr, wedyn colli'r tir.

Emynau'n llenwi'r awyr am y tro,
Enwogion yn dilyn llwybrau 'nôl,
Dweud y pethau angenrheidiol,
Cofiwch y dyddiad…

Cymry am ddiwrnod,
Dim ond am ryw gyfnod,
Cymry am ddiwrnod yn awr.

A dyna ddatrys y broblem! Neud y gân yn un ar ddeg munud o hyd – y gân hira erioed yn hanes y band!

Ar ôl yr holl waith caled roedd yn rhaid cymysgu. Mae hyn yn gallu bod yn broses hir ond roedd Moz yn athrylith ac Eryl yn wych fel peiriannydd, felly y cyfan oedd angen oedd eistedd a gwrando ar y *mixes* terfynol. Fe arhosais i mlân gan nad oedd gwaith bob dydd gyda fi bryd hynny a neud cyfweliad gyda Rhiannon Tomos ar gyfer rhaglen deledu yn y stiwdio hefyd.

Daeth *Sefyll ar y Sgwâr* mas ym mis Hydref ar label Fflach/ Sain gyda chlawr trawiadol gan Malcolm Gwyon. Cafodd ei chwarae yn ei chyfanrwydd ar *Sosban* ac ro'n ni'n bles iawn â'r canlyniad. Rhaid oedd neud gigs wedyn i hyrwyddo'r LP. Profodd y gân 'Sefyll ar y Sgwâr' yn boblogaidd iawn a hon yn aml oedd cân ola'r set:

Mae yr enwau yn dal yn glir yn fy meddwl,
Y rhai aeth lawr yn hanes,
Trueni na allen nhw ddod 'nôl.
Trueni na allen nhw ddod 'nôl.
Ac mae rhai yn siarad gyda ni
Ac yn gofyn beth y'ch chi'n neud ar y stryd,
Ac mae yr awyr yn llawn

O sibrydion, addewdion, breuddwydion a gelynion
Gelynion o hyd, gelynion y byd.

Dim amser i sefyll ar y sgwâr x 4

Ym mis Medi daeth gŵyl Sosban Roc i Flaendyffryn,
gyda grwpiau amrywiol yn chwarae – Crys, Y Ficar, Eliffant,
Rocyn, Derec Brown a'r Racaracwyr, Y Diawled a ni. Roedd
yn ddiwrnod llwyddiannus iawn gyda nifer fawr yno a bysiau
wedi dod o bob rhan o Gymru.

Cawson ni un o'n gigs gorau ym Mlaendyffryn ger
Llandysul, ein 'cartre' answyddogol, y Nadolig hwnnw er
gwaetha'r eira. Roedd dros 750 yno a phawb yn neidio lan a
lawr i'r caneuon, a rhai yn neud y pogo i ganeuon fel 'Whisgi
a Soda' ac 'Ad-drefnu'. Roedd y tri ohonon ni bron yn teimlo
ein bod yn rhan o'r gynulleidfa, gymaint oedd ein mwynhad
o'r noson. Roedd yn rhaid i Graham, Clive ac eraill ddala yn
y PA wrth i bobol ddawnsio yn ymyl y llwyfan.

Ar ddiwedd y gìg daeth yr amser i bacio'r offer, a phawb
yn hapus, gan gynnwys Walis ar ran Cymdeithas yr Iaith, *ond*
roedd un peth bach i'w gario mas – bocs Malcolm! O wel, *que
sera sera*!

# 4

# Fel China Bell

ROEDD 1982 WEDI bod yn flwyddyn fawr yn hanes y band, gyda'r holl gigs, gwobr Sgrech, cyfweliadau radio, rhaglenni teledu a rhedeg y label i gyd yn galw. Roedd hyn yn dipyn o waith a rhaid cyfadde bod pethau'n ormod ar adegau – Wyn a Rob yn gweithio 9 tan 5 a finne wedi dechrau swydd newydd fel *typesetter* gyda'r *Teifi-Seid*, ond roedd hi'n bleser cael teithio o gwmpas Cymru fel band.

Yn ystod dau fis cynta '83 roedd pethau'n gymharol dawel ond perfformiwyd yn neuadd bentre Ffostrasol a chael lluniau newydd o'r band. Stan Williams o Rydlewis oedd yn tynnu'r lluniau ac roedd wastad sbort yn ein sesiynau gyda Stan. Roedd yn rhannu'r un hiwmor â ni a'n dewisiadau dwl o ble i dynnu llun (e.e. yn gorwedd ar y llinell wen yng nghanol yr hewl ger Brynhoffnant. Peidiwch chi â neud hyn yw'r cyngor!). Roedd Stan, athro celf yn Ysgol Uwchradd Aberteifi ar y pryd, yn sôn am fand ifanc o'r enw Datblygu, a bod ganddyn nhw syniadau gwahanol. Ro'n i'n ymwybodol o David ac roedd ei dad, a oedd yn ddyn cyfeillgar iawn, yn arfer mynd i'r Commercial lle ro'n ni'n galw ambell waith i dorri syched ar ôl ymarfer. Un arall oedd yn tynnu lluniau oedd Malcolm, yn enwedig mewn gigs, ac yn tynnu lluniau nifer o fandiau eraill. Roedd Wyn yn neud hynny weithiau hefyd.

A sôn am gigs – un o'r rhai mwya ym 1983 oedd yn Neuadd Tregaron, wedi ei drefnu gan y Clwb Ffermwyr Ifanc lleol. Roedd cwpwl o gannoedd yna ac aeth y noson yn arbennig o dda – un o'r rhai gorau mewn unrhyw neuadd bentre. Ond ar ddiwedd y nos aeth Rob ein drymiwr 'nôl i Aberteifi gydag allweddi'r fan yn ei boced! Beth o'n ni fod i neud? Rocyn oedd yn chwarae gyda ni ac roedd yn rhaid i rywrai aros yn y neuadd dros nos i ofalu am yr offer. Felly, ar ôl tynnu gwelltyn, Geraint Jones a Graham Bowen arhosodd yn y neuadd rewllyd ac aeth Wyn a fi a'r gweddill 'nôl i Aberteifi. Aeth Hubert 'nôl i Dregaron yn y fan fore trannoeth i nôl yr offer – ar ôl rhoi pregeth i Robert! Dro arall, ar y ffordd i gìg mewn neuadd ger Aberystwyth, a ninne mewn *rush* ar ôl gwaith, anghofion ni roi'r gitârs yn y fan! Doedd dim i neud ond benthyg rhai y band arall, Y Brodyr – band arbennig o dda a ddaeth â sŵn newydd i Gymru.

Daeth gìg mawr i ni yn y Dixieland yn Rhyl (lle a gafodd ei ailenwi yn 2009 yn Brunel's Discotheque and Bar). Roedd tipyn o dorf 'na, o feddwl nad oedd y band wedi chwarae llawer yng Nghlwyd, heblaw am gìg yn Ysgol Maes Garmon flwyddyn ynghynt.

Roedd pwysau ariannol cynnal label yn dechrau cynyddu, a ninnau'n talu am y senglau gan y bandiau a ddim yn eu gorfodi nhw i brynu stoc. I rywun mewn busnes, mae hyn yn swnio'n od ond roedd AS yn wirioneddol isie helpu'r bandiau a ddim yn becso llawer am fod, o bosib, yn rhy hael. Y broblem arall oedd cael y cynnyrch i'r siopau, a ni i gyd yn gweithio'n llawn-amser ac yn cyrraedd gigs mewn trefi ar ôl i'r siopau gau! Yr adeg hynny helpodd Sain i ddosbarthu'r recordiau a rhaid diolch i Huw Jones a Dafydd Iwan am eu cymorth.

Beth bynnag, roedd digon o bethau i neud o hyd, a llefydd newydd i fynd iddyn nhw, fel Clwb Ifor Bach, Caerdydd, a oedd yn lle cynhyrfus iawn bryd hynny i fand Cymraeg. Roedd tair lefel i'r adeilad yn Stryd Womanby a'r unig rwystr oedd taw'r unig ffordd i gael offer lan i'r lefel ucha oedd y grisiau tu fas i'r adeilad. Roedd hynny'n waith caled, yn fwy caled byth ar ôl y gìg, ond roedd Cymry Caerdydd i'w llongyfarch am greu clwb o'r fath.

Roedd Goginan, ein cartre a'n HQ ni yn Tenby Road, yn fan cyfarfod ar ôl peint neu ddau yn y dre i fois fel Tegid a Rhodri o CAC, Geraint, Jim (Rocyn), Hubert (PA Rocyn), Aled (Y Diawled) a ffrindiau eraill. Ar ôl gìg ym Mhlas Bridell ger Aberteifi, arhosodd *holl* aelodau'r Ficar yn y tŷ a Betty'n neud brecwast i bawb ar y bore Sul! Dwi'n cofio cael cerdyn post gan fam Dygs (Dylan Huws) yn diolch i ni am y croeso yn Aberteifi i'r hogia! Roedd amynedd ein rhieni yn anhygoel. Doedd y tŷ ddim yn fawr ac ro'n nhw'n sicr yn clywed chwerthin a sbortian o'u gwely am 1 y bore, ond byth yn achwyn am y peth.

> ... Dwi'n cofio'n glir eu bod wedi trefnu i mi, ac aelodau eraill o'r Ficar, gysgu am dair noson ar lawr concrit yn Ystalyfera wrth recordio yn stiwdio Richard Morris (a gorfod ei dalu am y fraint!). Cofiaf hefyd frecwast i ni i gyd yng nghegin eu cartre yn Aberteifi ar ôl cysgu ar lawr (unwaith eto) yn y stafell ffrynt. Erbyn heddiw mae fy nghefn yn hollol *knackered* a byddaf yn meddwl am yr hogia bob tro y byddaf yn eistedd neu'n codi.
>
> Dylan Huws (Y Ficar)

Yn ystod rhan gynta'r flwyddyn chwaraewyd gigs yn Aber, Caerdydd a Chanolfan Tanybont a ffilmiwyd gìg yn neuadd Ysgol y Preseli gyda Rocyn ar gyfer HTV. Roedd Ysgol y Preseli yn lleoliad hefyd un waith y flwyddyn i Ysgol Roc – digwyddiad adeiladol iawn. Dwi'n meddwl taw un o'r bois ifanc a fynychodd un o'r 'ysgolion' oedd Emyr Penlan, basydd Jess.

### Gwisg ffansi

Un o'r pethau mwya anffodus o ran perfformiadau teledu 1983 oedd gorfod gwisgo gŵn nos a het gysgu ar gyfer y gân 'Ffarwél Bwci Bo', gyda merched ifanc wedi gwisgo'r un fath o'n blaenau (un o'r merched oedd Lisa Jarman, er do'n i ddim yn gwybod hynny ar y pryd). Cawson ni dipyn o *stick*

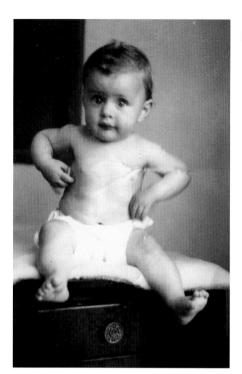

Richard yn fabi pert!

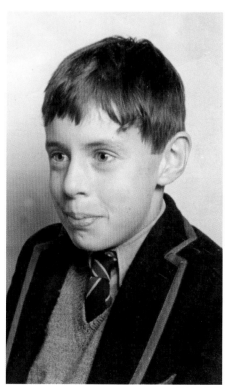

Richard tua 4 oed.

Richard yn 11 oed, yn Ysgol Gyfun Aberteifi. Be sy mor ddoniol?!

Wyn yn fabi pert arall!

Wyn yn 7 oed.

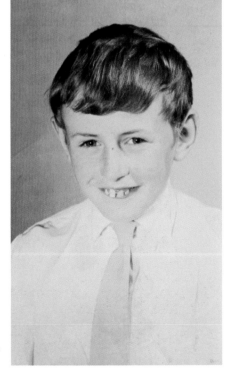

Wyn yn 10 oed.

Oxford Street, Pontycymer, ger Penybont-ar-Ogwr lle magwyd Moelwyn.

Moelwyn, Betty, Richard a Wyn ar wyliau yn Rhydychen, lle aeth y rhan fwya o frodyr a chwiorydd Moelwyn i fyw.

Gitâr fas gynta Wyn.

**STATEMENT/RECEIPT**

**ARTHUR BELL ACCORDIONS LTD.**

157/159 EWELL ROAD, SURBITON SURREY, KT6 6AR

Telephone: 01-399 1166/7

MR RICHARD.J.JONES
GOGINAN TENBY ROAD
CARDIGAN,
DYFED. SA4 3AH

DATE 15.04.81

ACCOUNT No. 1/ 24538/ 3

PAYMENT RECEIVED WITH THANKS

£8.22

PLEASE FIND BELOW DETAILS OF YOUR ACCOUNT TO DATE

| DATE | H.P. PRICE | DEPOSIT | TOTAL PAID | BALANCE O/S |
|---|---|---|---|---|
| 15.04.81 | 54.32 | 5.00 | 41.10 | 8.22 |

DETAILS CONCERNING YOUR NEXT REMITTANCE

| DUE DATE | INSTALMENT AMT | ARREARS/ADV. | AMOUNT DUE |
|---|---|---|---|
| 1.05.81 | 4.11 | .00 | 4.11 |

Please retain one copy of this Statement for your records and RETURN the attached DUPLICATE with your next REMITTANCE.

Datganiad misol am gitâr cynta Richard, y Yamaha 'Super Flighter' – talu £4.11 y mis!

Richard yn ymarfer o ddifri …

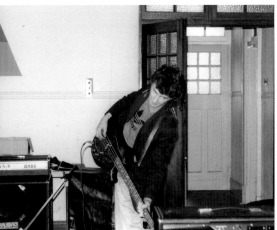

… a Wyn wrth gwrs, yn festri Tabernacl, 1979!

Y gìg cynta erioed i Ail Symudiad ar ddydd Sadwrn Barlys, Aberteifi.

**BBC**

BRITISH BROADCASTING CORPORATION

Y GORFFORAETH DDARLLEDU BRYDEINIG

CANOLFAN Y BBC LLANDAF CAERDYDD    BROADCASTING HOUSE LLANDAFF CARDIFF CF5 2YQ    TEL: 564888

Mr. Rhisiart Jones,
Goginan,
Tenby Road,
Aberteifi,
Dyfed.                          15 Chwefror 1979.

Annwyl Rhisiart,

        Diolch am y llythyr. Mae'n dda
i glywed fod 'na grwp newydd Cymraeg yn dechre
bob tro - yn arbennig o'r Gorllewin Gwyllt !
Rwy' wedi gofyn i John Gwyn Hala'r manylion
atoch ac fe ddyle nhw fod ar y ffordd.

        Unwaith chi'n teimlo eich bod
chi'n barod fel grwp, sgrifennwch ataf gyda
thâp/caset a gobeithio y gallwn drefnu eich
recordio ar gyfer "Sosban".

        Cofion,

Eurof Williams,
Cynhyrchydd "Sosban"

Y llythyr cynta
erioed oddi wrth
Eurof Williams,
cynhyrchydd
*Sosban* i'r BBC
yn gwahodd
Ail Symudiad i
anfon *demo* at y
rhaglen.

Ar ôl recordio
Sesiwn Sosban,
1980, gydag
Eurof, a thâp o'r
sesiwn yn ei law.

Y Ffordyn ffyddlon a aeth â ni i nifer
fawr o gigs!

Wyn yn ystod gìg Dre-fach
Felindre. Ble mae'r haul 'de?!

Wyn ar lwyfan Blaendyffryn yn un
o gigs cynta Ail Symudiad yno…

… a'r brawd mawr!

Wyn a Robin yn Neuadd y Farchnad, Crymych, 1981.

Plas Coch, Sir Fôn, 1981.

Malcolm Gwyon yn Stiwdio Sain adeg recordio 'Whisgi a Soda'.

Canolfan Tanybont – lleoliad y gìg cynta y tu fas i ardal Aberteifi yn ystod yr Eisteddfod Genedlaethol. Mae bellach yn faes parcio.

Tu fas i'r gwesty cyn recordio 'Whisgi a Soda', gyda Clive Pater ar y dde.

Llun o Ail Symudiad ger Llangrannog, 1981.

Stiwdios HTV ym Mhontcanna cyn recordio rhaglen *Sêr*, 1981.

Taith Haf Ail Symudiad a Chwarter i Un, 1981, pan oeddwn yn y gogledd.
Mae Rhys Powys (Chwarter i Un) ac Eryl Fychan, trefnydd, yn y llun hefyd.

Rhodri Davies, llais cefndir ar
nifer o'r caneuon cynnar.

Gyda thlws y Prif Grŵp Roc yn festri Tabernacl,
yn edrych yn prowd!

Tocyn Noson Wobrwyo Sgrech
pan enillodd y band Prif Grŵp Roc 1981.

CYNGERDD GWOBRWYO

## Sgrech '81

PAFILIWN CORWEN

NOS SADWRN, IONAWR 23 ain, 1982
am 7.30 o'r gloch

TOCYN £3

Ymarfer yn 'stafell
fach' Tabernacl,
1982.

Richard yn Top
Rank, Eisteddfod
Abertawe, 1982.

Ann, Rhian
a Buddug
yn gwerthu
recordiau Fflach
yn Eisteddfod
Abertawe, 1982.
Diolch i aelodau
Cymdeithas yr Iaith
am roi lle i ni ar eu
stondin.

Pabell Jacs yn Joio, Eisteddfod Abertawe pan laniodd cacwn ar drwyn Richard!

**Taith Haf**

## NIL SYMUDIAD '82

NOS LUN, AWST 9: NEUADD PONTGARREG LLANGRANNOG, GYDA'R (DIAWLED)
NOS FAWRTH, AWST 10: Y GANOLFAN DDINESIG, RHYDAMAN, GYDA (ERYR WEN)
NOS IAU, AWST 12: GWERSYLL YR URDD, GLANLLYN, GYDA'R (POSTERI)
NOS WENER, AWST 13: NEUADD BLAENDYFFRYN, LLANDYSUL, GYDA (ROCYN)
NOS SADWRN, AWST 14: Y GANOLFAN LLANNERCHYMEDD, YNYS MÔN, (FICAR)
DISGO POB NOS, Trefnwyd gan C.A.C

Poster taith 'Symud Trwy'r Haf' 1982.

Ail Symudiad yng Nghorwen gyda Geraint Jarman, 1982.

Wyn, Robert a Richard yn Mwnt, 1983.

Pabell Môn Sŵn, Eisteddfod
Sir Fôn, 1983.

Y tocyn ar gyfer y gìg 'olaf' a'r
gynulleidfa anhygoel yn Neuadd
Blaendyffryn, Nadolig 1983.

CYMDEITHAS YR IAITH GYMRAEG

: : : : : : : : : :

**\* Y SYMUDIAD OLAF \***

Ail Symudiad — Eryr Wen — Y Datblygu
Treiglad Pherffaith — Disgo Calimero

NEUADD BLAENDYFFRYN, LLANDYSUL

NOS WENER, 30 RHAGFYR, 1983
7.30 — 1.00

Tocyn : £2.50

Richard yn Ysgol y Preseli, Crymych, mewn gìg oedd yn cael ei ffilmio i *Sêr*, HTV…

… a Wyn yn canu fflat owt!

Neuadd Pencader,
1983 – Wyn a
Richard Morris (Moz)
yn westai ar gitâr.

Richard yn Neuadd
Pencader.

ar ôl hynny a phobol yn dweud pethau fel 'Ble ma'r band don newydd 'na wedi mynd?' neu o gwmpas Aberteifi, 'Fancy dress ar y teli nawr 'te!' Mae'n wir dweud ein bod wedi troi'n fwy o fand pop erbyn hyn. Y dyddiau hynny doedd ddim llawer o fideos o gwmpas yn y sîn Gymraeg, ond allwn i ddim anghofio'r un gyda Robert yn gorfod gwisgo fel ci ar gyfer y gân 'Dilyn y Sebon', ac yn dweud cyn saethu'r ffilm, 'I'll never forgive you for this, you Jones boys!'

Ysgrifennwyd mwy o ganeuon yn y gwanwyn fel 'Y Brenin Coch', 'Afon Mwldan', 'Rhes ar ôl Rhes', 'Arwyr Addfwyn' a 'Fel China Bell' a daeth gwahoddiad i recordio dwy o'r rhain ar gyfer Sesiwn Sosban. Bant â ni felly i stiwdio newydd Richard Morris yng Nghwm-twrch Uchaf. Dwi'n hoffi sôn am fyd natur mewn ambell gân ac roedd creulondeb at forfilod a dwyn orcas o'u cynefin a'u rhoi mewn 'parc pleser' yn America yn agos at fy nghalon. Cri oedd 'Fel China Bell' am fwy o degwch yn y byd, i weld pobol yn fwy cyfartal. Profodd y gân yn boblogaidd mewn gigs ac roedd y band yn hapus iawn ar ôl bod yn y stiwdio gyda Moz, ac erbyn hyn roedd e'n neud ambell gìg gydag AS hefyd.

Mae y bobl fawr a chall
Yn dadlau am fyd sy'n iach,
Sdim syniad ganddyn nhw,
Fel yr anifeiliaid yn y sw,
Ym myd eu hunain maen nhw'n byw
Heb sylwi dim ar y byd tu allan.

Pam na allwn ni fel China bell
Weithio am sefyllfa well,
Troi diflastod i hapusrwydd llwyr;
Pam na allwn ni fel China bell
Trin pob un yr un peth,
Gweld yr haul yn disgleirio pan fyddwn ni yn dihuno!

## Mwldan

Mae Aberteifi a'i hanes cyfoethog wedi dylanwadu arnon ni erioed – y porthladd (y mwya prysur yng Nghymru ar un adeg), y castell, afon Teifi wrth gwrs, ond roedd un gân yr adeg hynny nad oedd yn sôn am y Teifi ond, yn hytrach, am afon Mwldan. Mae'r enw, mae'n debyg, yn tarddu o 'the mill 'o the dam'.

Ddim ymhell o festri Tabernacl lle ro'n ni'n ymarfer roedd lladd-dy'r dre, lle mae Theatr Mwldan nawr (i'r rhai ohonoch chi sy'n nerfus, ewch mlân i'r paragraff nesa!). Ar ôl ymarfer yn yr haf, yn enwedig ar noson dwym, bydde Wyn, Robert a fi yn eistedd ar bont y Mwldan yn gwylio'r llygod mawr a'u 'plant' yn dod mas cyn iddi nosi ac yn chwarae yn nŵr yr afon, gan gnoi ar ambell asgwrn oedd wedi dod i lawr gyda'r llif a becso dim ein bod ni'n eistedd yn agos iawn atyn nhw – mae hyd yn oed y llygod mawr yn gyfeillgar yn Aberteifi! Daeth y gân 'Anifeiliaid' o'r profiad hwn ac roedd hon ar yr albwm *Sefyll ar y Sgwâr*. Yn nes mlân yn yr haf teithiodd y band i Landudno i neud rhaglen deledu yn y gyfres *Taro Tant* a phenderfynu perfformio 'Anifeiliaid' fel un o'r caneuon.

Ar ôl ymarfer y gân sawl gwaith, a neud un neu ddau *take*, gofynnodd y rheolwr llawr i fi neud wyneb mwnci i mewn i'r camera gan taw 'Anifeiliaid' oedd y teitl. Yn y diwedd ges i ddigon o hyn a dweud:

'Alla i byth, achos cân am lygoden fawr yn chwarae yn afon Mwldan yw hi ac mae'n sôn hefyd am *the aforementioned rat* yn troi'n faint dyn ac yn taflu dartiau yn un o dafarnau'r dre!'

Sdim isie dweud iddo fe gael tipyn o syrpréis – ond chwerthin roedd Wyn a Rob. Dwi wastad wedi hoffi pethau swreal!

Mas 'na rhywle heno dyma fe
Yn cerdded lan a lawr ar hyd y lle,
Y ffrind bach yma sydd yn annwyl iawn,
Lot o ddiddordebau, dyddiadur llawn.

Anifeiliaid!!

Ei drwyn ym mhob drygioni, mae e'n gês,
Mae'n hoffi bwyta toffi ac yfed te,
Gwisgo sbectol i gael gweld ymhell
Ac i daflu dartiau yn nhafarnau'r dre.

Anifeiliaid!!

## Chwalu

Hyfryd oedd gweld bandiau newydd wedi dod yn boblogaidd erbyn hyn fel Maffia Mr Huws, Y Diawled, Y Brodyr, Sgidie Newydd, Eirin Peryglus a Ffenestri. Yn Sir Fôn roedd yr Eisteddfod Genedlaethol y flwyddyn honno a chafwyd gigs yn ystod yr wythnos gan gynnwys Twrw Tanllyd, oedd yn gyfle gwych i chwarae'r caneuon newydd. Ar ôl yr haf, ar ddiwedd mis Awst, dechreuodd Wyn, Rob a finne feddwl yn ddwys am ddyfodol y band, ac er i ni gael cyngerdd arbennig yn Aberystwyth yn yr hydref gyda Chymdeithas yr Iaith, roedd y tri ohonon ni'n teimlo'n flinedig. Roedd gan Robert swydd bwysig fel un o reolwyr ffatri ddillad yn Aberteifi, roeddwn i'n gweithio nosweithiau hwyr yn fy swydd i fel *typesetter* yn y *Teifi-Seid* a Wyn yn brysur yn y siop drydan, ac roedd pethau'n dala lan gyda ni.

Ar ôl pwyso a mesur, y penderfyniad oedd chwalu ym mis Rhagfyr, ond cadw'n dawel am y tro, dim ond dweud wrth Malcolm a rhai ffrindiau agos. Ond erbyn i ganol Tachwedd gyrraedd dyma ni'n cyhoeddi ein bwriad. Roedd nifer yn synnu oherwydd roedd yr ymateb yn y dawnsfeydd lawn cystal ag erioed. Ond roedd yr hobi wedi mynd fel job i ni, a hefyd y gost o redeg y label wedi mynd yn ormod ar y pryd.

Roedd arian o bob gìg ac ymddangosiad teledu yn mynd tuag at dalu biliau am gynhyrchu'r recordiau – doedd prin ddim yn mynd i'n pocedi ni'n hunain. Ond alla i ddim pwysleisio digon fod hyn wedi bod yn benderfyniad sobor o anodd i'w neud, oherwydd bydden ni'n gweld isie'r ffrindiau lu oedd gyda ni yn y sîn Gymraeg o'r de i'r gogledd, a gweld isie'r chwarae wrth gwrs.

Clywodd Delwyn Siôn, cyn-aelod o Hergest a chynhyrchydd teledu y newyddion, a dweud bod e isie neud rhaglen o rai o'n caneuon ni i gyd-fynd â'r band yn chwalu, a daeth i lawr i Aberteifi i neud cyfweliad. Recordiwyd tua saith cân mewn rhaglen i'r BBC yng Nghaerdydd gyda Richard Morris fel gwestai ar y gitâr, a'r rhaglen i'w darlledu ar ddiwedd y flwyddyn.

Mynd ati wedyn i neud trefniadau ar gyfer y ffarwél mawr ym Mlaendyffryn a gwahodd gwahanol bobol o'r byd radio a theledu, a neud yn siŵr fod *Sgrech* a phapurau fel *Y Cymro* yn ymwybodol o'n penderfyniad. Daeth teyrngedau i ni trwy *Sgrech* wrth bobol fel Walis Wyn George, trefnydd Blaendyff i CIG, Euros Lewis, Felin-fach a'r diweddar annwyl Iwan Llwyd. Rhaid cyfadde i'r rhain godi'n hysbryd ni tipyn ac, yn dawel bach, roedd y tri ohonon ni'n dechrau difaru'r penderfyniad.

Galwyd y noson ym Mlaendyffryn ar nos Wener, Rhagfyr 30, yn 'Y Symudiad Olaf' ac ar yr un lein-yp â ni roedd Eryr Wen, Datblygu a Treiglad Pherffaith gyda Disgo Calimero. Roedd tipyn o gynnwrf yn arwain lan at y gìg ac roedd yn dipyn o sioc pan ddywedodd Betty a Moelwyn eu bod nhw isie dod, ynghyd â mam-gu Ryland Teifi, Thelma, a oedd yn ffrind i'r teulu o Gilgerran (neu Killarney fel mae rhai o bobol Aberteifi yn galw'r lle!).

Trodd hwn mas i fod y gìg mwya erioed i ni, gyda tua mil o bobol yna, ac wrth gwrs ro'n ni'n emosiynol iawn wrth fynd trwy'r set o tua awr a chwarter. Yn agos i flaen y llwyfan roedd nifer fawr yn dawnsio'r pogo, a gan taw llawr pren oedd yn yr hen blas roedd fel petai'r adeilad i gyd yn crynu! Roedd y teimlad o agosatrwydd at y gynulleidfa yn fwy nag erioed ac ar y diwedd roedd hi fel torf gêm bêl-droed yn canu 'Ail Symudiad!' i dôn cytgan 'Sefyll ar y Sgwâr' dro ar ôl tro! Ond roedd yn rhaid gorffen y set rywbryd ac ar ôl un neu ddwy gân arall a lot o 'diolch yn fawrs' daeth y noson i ben. Wrth bacio'r offer, gan siglo llaw â nifer fawr a diolch am eu cefnogaeth, roedd dagrau'n agos i'r tri ohonon ni, ond daeth un llais i 'godi'n calonne' ni:

'We chi lot rhy uchel, a wen i ddim yn clywed dim we ti'n canu abiti!'

'O, diolch, Mam, diolch yn fawr, caredig iawn!' wedes i.

Sai'n credu bod Moelwyn yn cytuno, ond allen ni ymddiried yn Betty i gadw'n traed ni'n sownd ar y ddaear – *big style*!

Wna i fyth anghofio eu perfformiad 'olaf' ym Mlaendyffryn ym mis Rhagfyr 1983. Noson anhygoel, y neuadd dan ei sang, pawb yn joio mas draw a neb isie iddyn nhw ddod i ben.

Walis Wyn George

Ar ddechrau Ionawr 1984, a'r band ddim yn 'bodoli' bellach, roedd Wyn, Rob a fi yn chwarae eto yn festri Tabernacl, gan bod yr offer i gyd yna a bod miwsig yn ffordd o fyw. Beth oedd yn mynd i ddigwydd i Fflach – cadw i fynd neu ddiddymu'r label? Cwestiwn mawr, ond ar ôl pwyso a mesur am gyfnod, penderfynon ni brynu offer ar gyfer creu ein stiwdio ein hunain ac felly ganwyd Stiwdio Fflach, a bydde cerddoriaeth yn cario mlân i gael ei chlywed yn festri Tabernacl, ger yr hen afon Mwldan.

# 5

# Croeso i Gymru

YN Y STAFELL yn y festri gyferbyn â'r gegin, ble ro'n ni'n arfer cymryd ambell fisgïen neu sgonen o Queen's Bakery gyda dished, roedd digon o le i roi offer recordio a defnyddio'r neuadd fawr, ein lle ymarfer, fel stiwdio. Daeth y broses eto o ofyn i'r capel am ganiatâd i ddefnyddio'r festri, y tro yma fel stiwdio, ac ro'n nhw'n fwy na hapus i ni neud, ond i ni gyfrannu at y cynnal a chadw. Roedd y gofalwr yn byw drws nesa i'r capel a chefn y tŷ'n arwain i lawr i'r ddwy festri (ro'n ni yn y festri waelod) felly roedd diogelwch gyda ni hefyd. Daeth Trevor yn dipyn o ffrind ac roedd e hefyd yn gyrru tacsi yn y dre – fel Trevor arall, sawl blwyddyn wedyn.

Ar ddechrau'r flwyddyn daeth newyddion wrth Glyn Tomos, golygydd *Sgrech*, yn dweud ein bod ni wedi ennill 'Gwobr Arbennig Sgrech – Cyfraniad i Roc Cymraeg'. Ro'n ni'n gwerthfawrogi hynny'n fawr, gan gylchgrawn oedd wedi neud gymaint i'r sîn roc a phop Cymraeg. Roedd y noson wobrwyo i'w chynnal yn Abertawe.

> Roedd Cymru gyfan wedi closio atynt wrth iddynt deithio o gwmpas y wlad a choroni hynny drwy dderbyn tlws Prif Grŵp Roc yn Noson Gwobrau Sgrech '81. Wrth lwc i ni, roedd Sgrech ac Ail Symudiad yn cydoesi. Fel cylchgrawn roeddem mor ffodus o ddilyn hynt a helynt y grŵp a chyfraniad y ddau frawd yn arbennig o 1979–1984.

Cawsom gyfle i werthfawrogi eu cyfraniad pan gyflwynwyd tlws
Gwobr Arbennig Sgrech iddynt yn Noson Gwobrau Sgrech '83.

Glyn Tomos

Wedi cael caniatâd gan y capel roedd yn rhaid penderfynu
pa offer recordio i'w brynu ar gyfer y stiwdio. Roedd Wyn wedi
dysgu llawer am gymysgu sain wrth weithio gyda Richard
Morris. Roedd yn berson eitha technegol ac, wrth gwrs, yn
gerddorol, sef y ddau ffactor pwysig.

Dechreuodd Wyn ffonio rownd i holi, a chlywed bod offer
ar werth gyda Dafydd Pierce, Stiwdio 123 yng Nghaerdydd.
Ro'n ni'n ei nabod e oherwydd roedd e'n chwarae gitâr gyda
Hywel Ffiaidd, felly ar ôl trafod tipyn ar y ffôn aeth Wyn i
lawr i Gaerdydd i setlo'r ddêl. Roedd digon ar ôl (jwst!) yng
nghyfri banc y band i ni ei fforddio. Roedd tipyn o gynnwrf
wrth i Wyn ddod â'r offer yn ôl mewn fan i Aberteifi, a Rob
a fi'n cwrdd â fe tu fas i'r festri. Cymerodd hi wythnos neu
ddwy i osod yr offer i gyd, a'r cam mawr gymerodd Wyn
oedd gorffen ei waith yn siop trydan E Griffiths a'i Fab i
ganolbwyntio'n llwyr ar Stiwdio Fflach.

Daeth yr amser rownd yn glou i fynd i Abertawe ar gyfer
Noson Gwobrwyo Sgrech ac, yn anffodus, fe wnaethon ni
wrthod chwarae – rhywbeth ry'n ni'n difaru erbyn hyn, mae'n
rhaid gweud. Serch hynny, roedd hi'n noswaith arbennig, ac
wrth i ni gael ein galw i'r llwyfan i dderbyn y wobr, cafwyd
cydnabyddiaeth wresog gan y gynulleidfa am ein cyfraniad
i'r SRG.

Fe wnes i ddau neu dri pheth fel unigolyn wedyn, er
nad oedd hynny'n teimlo'n iawn, rywffordd – fideo gyda
phedwarawd clasurol o'r gân 'Geiriau' i'r rhaglen *Larwm*
yn stiwdio Dafydd Pierce, a chanu wrth fy hunan yn Theatr
Felinfach. Roedd y profiad fel bod ar gae pêl-droed ar ben fy
hunan! Roedd chwarae mewn tîm yn fwy o sbort, felly ta ta i
hynny'n go glou!

Aeth Wyn mlân i chwarae sesiwn i Ceffyl Pren, i Derec Brown ac i Jim a'r Hoelion Wyth, a neud record hir gyda nhw hefyd. Fe wnaeth e fwynhau'r profiadau hyn, ynghyd â chwarae jazz gyda band Peter Heneker yn lleol.

Yn ystod y 70au a'r 80au daeth ymfudwyr i ardal Aberteifi, fel i nifer o ardaloedd eraill yng Nghymru, ac roedd llawer o'r rhain yn gerddorion. Un band a ddechreuodd yn y cyfnod hyn oedd Chalky White and The Shamrastas. Cerddorion eraill oedd Nik Turner, gynt o Hawkwind, Mick Simmons, William Cobbett, Reg Dyer o Wrecsam, oedd â diddordeb mawr mewn canu gwerin, a Peter Heneker, pianydd jazz, fel y soniwyd – ei dad, David Heneker, ysgrifennodd y ddrama gerdd *Half a Sixpence* a Tommy Steele yn serennu ynddi. Roedd rhai wedyn â phrofiad yn y maes sain fel Chris Chaplin o Lanfyrnach ger Crymych, a oedd yn arfer bod yn beiriannydd gyda'r BBC yn Llundain.

## Bedlam

Ar ôl misoedd cynta 1984 daeth cynnig gan Bwyllgor Ieuenctid Eisteddfod Llambed i Ail Symudiad ysgrifennu cân ar gyfer yr Eisteddfod y flwyddyn honno, ac er ein bod wedi gorffen chwarae yn gyhoeddus, roedd hi'n anrhydedd a derbyniwyd y cynnig â phleser. Roedd Iona James yn mynd i ysgrifennu'r geiriau, felly roedd taith i Stiwdio Sain i'w recordio. Rob, Wyn a fi, a Brian Breeze, cerddor gwych o Abertawe yn westai ar y gitâr flaen. Mae Brian yn gymeriad ac ro'n i'n ei nabod ers sawl blwyddyn. Yn canu hefyd ar y recordiad o 'Bedlam' roedd Côr Aelwyd Llambed.

Y noson honno, ar ôl recordio yn Stiwdio Sain, a ninnau bellach mewn tafarn yng Nghaernarfon, dechreuodd Brian ddweud hanes am gath ei ffrind. Dywedodd fod y gath yn hongian o gwmpas y garej pan oedd ei ffrind yn ffidlan gyda'i gar. Fel hyn aeth hi wedyn:

'... so my friend used to leave a saucer of milk out for the cat, but this particular night he put some petrol in it, which he had spare from a can. Well, the cat drank it, didn't he? He went mad, running up and down the garage, even tried jumping up the walls, and then collapsed in the middle of the floor!'

'Good grief, did he die?' wedodd un ohonon ni.

'No, he ran out of petrol!'

Allech chi fod wedi clywed y chwerthin lan yn Sir Fôn!

Y diwrnod wedyn gorffenwyd cymysgu 'Bedlam' a rhoi 'Arwyr Addfwyn' ar ochr B y sengl. Roedd y profiad o recordio eto ac ymarfer gyda'n gilydd ar gyfer mynd i'r gogledd wedi codi awydd cryf ynom i ddod 'nôl at ein gilydd. Roedd rhai erbyn hyn yn llogi Stiwdio Fflach ar gyfer prosiectau ac roedd Rob a fi â diddordeb, wrth gwrs, er taw dim ond Wyn oedd yn ei rhedeg.

Ro'n i'n dal i ysgrifennu caneuon a mynd trwyddyn nhw gyda Wyn a Rob – fel un o'r enw 'Dau Fel Ni', a dywedodd Wyn wrtha i am anfon y gân i gystadleuaeth *Cân i Gymru*. Daeth y gân yn bedwerydd; 'Y Cwm' gan Huw Chiswell oedd yr enillydd haeddiannol, ac fel aelod mwy diweddar o'r Trwynau Coch (allweddellau) roedd rheswm arall dros fod yn falch drosto!

Cafwyd galwad ffôn gan Eisteddfod Llambed ychydig ar ôl hyn yn gofyn i ni chwarae ym mhabell Bedlam ar y Maes. Nawr 'te, beth i neud?! I ddechrau ro'n ni'n ofni bydde pobol yn dweud 'ar ôl yr holl ffws o chwalu maen nhw'n perfformio eto'! Ond, wyth mis ar ôl y gìg enfawr ym Mlaendyffryn roedd Ail Symudiad 'nôl ar y llwyfan!

### Ailffurfio!

Dwi'n siŵr bod rhai'n meddwl ein bod ni isie sylw neu'n gweld isie rhyw fath o 'enwogrwydd', ond y gwrthwyneb oedd yn wir. Yn syml iawn, camgymeriad oedd gorffen yn y ffordd wnaethon ni. Dylen ni fod wedi dweud bod seibiant i fod yng ngyrfa'r grŵp.

Yn Hydref 1984 cyhoeddon ni fod Ail Symudiad yn

ailffurfio, a tua'r adeg hyn, ar ôl amser hapus a llwyddiannus iawn, penderfynodd Robert roi'r gorau fel drymiwr ar ôl gìg ym Mae Caerdydd gyda Geraint Jarman. Mawr oedd ein diolch iddo.

Y cam nesa oedd cael rhywun yn ei le a gofynnwyd i Paul Phillips chwarae'r drymiau i ni. Fe oedd drymiwr Y Diawled felly ro'n ni'n ei nabod yn dda, ac ymunodd Sarah-Jane Rees ar yr allweddellau hefyd.

'Nôl yn y stiwdio roedd y ddeuawd electro-pop Gymraeg Ffenestri yn recordio ac roedd hwn yn ddigwyddiad hanesyddol: y record gynta i gael ei neud yn Stiwdio Fflach, felly roedd yn amser cynhyrfus i ni. Roedd nifer o ganeuon *catchy* ar *Tymhorau* gan y ddeuawd o Bontypridd – Geraint James a'r talentog Martyn Geraint, cyn-aelod o Treiglad Pherffaith.

## Abbey Road

Y dasg nesa oedd mastro'r tâp ac, yn rhyfedd iawn, un lle cymharol resymol i neud hynny oedd Abbey Road yn Llundain – oedd yn enwog, wrth gwrs, fel stiwdios y Beatles. Roedd Wyn a fi'n arfer mynd i Lundain yn ein harddegau o Rydychen, lle ro'n ni'n treulio gwyliau haf bron pob blwyddyn oherwydd bod brodyr a chwiorydd Dad wedi symud yno i weithio yn y ffatrïoedd ceir.

Nick Webb oedd enw'r peiriannydd yn Abbey Road, dyn cyfeillgar, a dangosodd i ni'r stiwdio roedd y Beatles wedi'i defnyddio a ble aeth 'Hey Jude' mas yn fyw ar y teledu. Ar y ffordd i lawr y grisiau yn ystod y dydd pasiodd Kate Bush ni, yn mynd i ryw sesiwn neu'i gilydd siŵr o fod. Diflannodd yn glou – 'gone with the wind' fel petai!

Aeth y sesiwn yn dda ac felly daeth *Tymhorau* mas a chael ei anfon i'r cyfryngau. Albwm gydag Aelwyd Crymych oedd nesa – *Gorwel Newydd*. Doedd ddim llawer o aelwydydd wedi neud LP yr adeg hynny ond roedd hon yn dipyn o waith. Gwenda John oedd yn arwain côr yr Aelwyd, ac mae colled fawr yn yr ardal ar ei hôl. Hon oedd record gynta 'canol y ffordd' Fflach, er ein bod ni eisoes wedi rhyddhau sengl gyda Garnon Davies, *Mor Unig yw'r Nos*. Roedd llais arbennig gan Garnon ac, wrth gwrs, roedd e'n dad i Ryland Teifi – seren y dyfodol.

Yn ystod y cyfnod hwn, recordiwyd disg cynta AS ers sbel, ac arno 'Croeso i Gymru' a 'Dyddiau Newydd', a chafwyd y syniad o ofyn i Meic Stevens, un o'n harwyr ni, ymddangos ar yr EP. Er syndod i ni, fe wnaeth e gytuno a dod i lawr i Aberteifi ar gyfer y ddwy gân 'Bwgan ar y Bryn' a 'Gaucho'. Fe wnaeth bois Hergest, sef Delwyn, Geraint a Derec, ganu lleisiau cefndir. Un cymeriad lleol oedd yn chwarae ffliwt ar 'Croeso i Gymru' oedd Dave Pitkin, deintydd yn y dre, ac ar raglen Hywel Gwynfryn ar y teledu y gwnaeth Dave ymuno â ni'n gyhoeddus am y tro cynta:

> Rhwng y cestyll tywod,
> Yn edrych mor hynod,
> Mae anrheg fechan
> Gwerth yr arian.
> Croeso i Gymru.
>
> Bydd 'na sawl Maradona
> Ar y traethau yma;
> Rwy'n gweiddi
> Viva Patagonia!
> Croeso i Gymru
>
> Te Cymreig i chi i gyd
> Yn ein bro –
> I ni'n dechrau teimlo fel y Navajo…

Daeth newid aelodaeth eto i AS gyda Sarah-Jane yn gadael a Paul yn mynd ar yr allweddellau, a Dafydd Owen, cyn-aelod o'r grŵp Rocyn yn ymuno ar y drymiau. Gwnaeth AS nifer o gigs gyda'r aelodau newydd, ond wnaethon ni ddim teithio ymhell iawn, er i ni chwarae gyda'r Cyrff yng Nghlwb Ifor Bach yng Nghaerdydd. Gofynnodd Dafydd i ni chwarae yng Nghlwb y Dingle, Arberth, oedd yn cael ei redeg gan ei deulu. Doedd nifer o'r gynulleidfa ddim wedi clywed grŵp roc Cymraeg o'r blân. Roedd gìg arall yn Neuadd Crymych, lle ro'n ni'n arfer chwarae yn y dyddiau cynnar ond, ar y cyfan, doedd pethau ddim yn brysur iawn i'r band. Gyda Dafydd a Paul ddim yn byw yn y dre roedd hi'n anodd ymarfer, a'u gwaith bob dydd yn galw hefyd.

## Mynd o nerth i nerth

Roedd pethau'n tician drosto gyda'r stiwdio ac roedd Wyn yn ychwanegu ambell beiriant i wella'r sain. Un oedd yn helpu Wyn ar y pryd oedd Owen Thomas, oedd wedi symud i Gastellnewydd Emlyn o Rochester. Roedd ei fam yn dod o'r dre, a'i dad o Gaerfyrddin. Bachgen technegol iawn oedd Owen, a drymiwr a ddaeth yn adnabyddus wedyn gyda Jess. Un arall oedd o gwmpas yr adeg hynny oedd Glyn Hughes. Un o Gymry Llundain oedd e, a'i rieni wedi symud i Lambed. Roedd yn fyfyriwr yng Ngholeg Ceredigion yn Aberteifi. Roedd e hefyd yn gymorth i Wyn ac yn chwarae allweddellau ar ambell drac, gan gynnwys rhai Ail Symudiad. Mae Glyn 'nôl yn Llundain nawr ac yn un o gynhyrchwyr rhaglenni Ricky Gervais!

Y rhai nesa i recordio yn y stiwdio oedd Konyn Gwyllt, grŵp roc o Lambed, ac ar gasét yn unig oedd hon. Daeth hi'n amser wedyn i Ail Symudiad neud rhywbeth arall ac ym 1986 fe wnaethon ni benderfyniad eitha od, wrth edrych 'nôl. Newidon ni'r enw i 'Y Symudiad', ac fel Y Symudiad recordion ni sengl o'r enw *O Bell ac Agos/Heno Mewn Breuddwyd*. Yn westai ar y gitâr roedd Will Cobbett. Roedd Will yn gitarydd da iawn ac yn byw yn yr ardal ers blynyddoedd, ac roedd yn ffrind i ganwr â llais arbennig o'r enw Mick Simmons. Roedd Will a Mick yn rhan o'r sîn leol ac wedi bod yn gefnogol i Ail Symudiad ers sbel fawr. Yn chwarae mandolin roedd Henry

Sears, oedd â'i deulu o Gernyw; roedd e'n byw yn Nhrefdraeth ac yn ffidlwr o fri ac yn chwarae o gwmpas Prydain. Dilynwyd hon yn y stiwdio gyda record gan Cic Pen – *Cymer Fi*. Roedd Ffred Ffransis yn rhan o'r prosiect yma. Yna daeth Dolur Rhydd o Ddyffryn Aeron, ac wedyn *Hiwmor Cefn Gwlad*, oedd yn cynnwys Ifan Tregaron a Dai Llanilar. Dwi'n cofio Wyn yn dweud gymaint o bleser oedd hi i weithio ar y casét yma, ac yn *change* o gerddoriaeth. Yr enwog Bois y Frenni wedyn, ac roedd wastad sbort gyda nhw; canu gwlad gyda John ac Eirian; a chasét cynta Catrin Davies, *Trwy dy Lygaid Di*. Felly, roedd Fflach yn dechrau cynhyrchu pethau mwy amrywiol.

Roedd Wyn a fi'n cyfeilio i Aelwyd Crymych pan oedd Eisteddfod yr Urdd yn dod rownd ac ers priodi ym 1984 ro'n i'n byw ym Mlaenffos – pentre rhwng Aberteifi a Chrymych. Un noson ym mar y Ffowndri, yn Rhoshill, ger Cilgerran, roedd criw bach o'r aelwyd yn y bar pan drodd Kevin Davies, a oedd yn briod â Catrin (fy chwaer-yng-nghyfraith), ata i a gofyn am y posibilrwydd o helpu rhywfaint gyda Fflach.

'Beth?!' gofynnais.

Ond roedd e o ddifri, a ninne'n eistedd mewn tafarn nid nepell o ffordd o'r enw Tenby Road. Wel, wel!

# b

# Buddugoliaeth

YM MLYNYDDOEDD OLA'R 80au daeth tro ar fyd i Fflach. Roedd ein hamser bron â dod i ben yn festri Tabernacl wrth i aelodau'r capel benderfynu eu bod angen defnyddio'r festri ar gyfer pwrpas arall. Newyddion trist ar ôl bron deg mlynedd o fod yna yn ei defnyddio i ymarfer a recordio, a lle a ddaeth â lot o hapusrwydd i'n bywydau ni. Ond dyna fe, roedd yn rhaid meddwl am le arall i sefydlu Stiwdio Fflach, a'r lle naturiol i fynd iddo oedd tŷ Wyn!

Erbyn hyn roedd Kevin Davies yn helpu llawer ac wedi dod yn bartner yn y cwmni, a diolch iddo fe cafwyd trefn ar yr ochr ariannol wrth iddo fynd trwy ein cyfrifon a holi siopau am archebion.

'Ni ddim wedi gweld bois/hogie Fflach ers sbel. Ydyn nhw wedi dianc i'r Swistir neu i Jersey?!' oedd ymateb y siopau.

Ar ôl tipyn o waith caled, dechreuodd pethau wella, ac roedd siopau'n derbyn stoc yn fwy rheolaidd. Yn Heol Dinbych-y-Pysgod (Tenby Road i'r rhan fwya o bobol Aberteifi) roedd Llys-y-Coed, tŷ Wyn, a symudwyd yr offer i gyd yno. Roedd hynny'n dipyn o waith ond gan taw dim ond 8-trac oedd y stiwdio doedd dim angen gwagle anferth ac roedd hyn yn iawn am y tro. Defnyddiwyd un stafell ar gyfer cyfrifon, ffeiliau ar artistiaid ac ar gyfer adran newydd o'r cwmni, Cyhoeddiadau Mwldan. Kevin wnaeth ddechrau ein cwmni cyhoeddi er mwyn cofrestru caneuon gyda'r PRS a'r MCPS.

Felly, roedd popeth yn ei le yn Stiwdio Fflach '2', ac yn y

tŷ a adeiladwyd gan ein tadcu, W J Lewis. Adeiladwr oedd Tad-cu, a ddaeth yn wreiddiol o bentre Penybryn, Sir Benfro, ddwy filltir tu fas i Aberteifi, a Mam-gu a fe oedd yn arfer byw yn Llys-y-Coed. Roedd Mam-gu'n dod o Hermon ger Crymych – yr un pentre â mam Rhys Ifans a Llŷr Evans, y ddau actor. Adeiladodd WJ bron naw deg o dai yn y dre ac ar un adeg roedd hanner cant yn gweithio iddo. Beth fydde fe'n meddwl am gael stiwdio recordio yn y tŷ, tybed?!

Roedd Owen Thomas yn dipyn o gymorth i Wyn yn y stiwdio, ynghyd â drymio i Ail Symudiad. Ein cerddorion sesiwn ar y pryd oedd Nik Turner, Greg Harries a Dave Pitkin, y deintydd a oedd yn 'llanw mewn' ar y ffliwt ar ambell drac! Tua'r adeg hyn gofynnwyd i Arthur Davies o Lanymddyfri ddosbarthu ein cynnyrch. Roedd Arthur yn gynrychiolydd annibynnol, yn neud labeli eraill fel Black Mountain, ac yn mynd o gwmpas Cymru i bob siop lyfrau Cymraeg a siopau eraill hefyd ers blynyddoedd.

## Mr Symudiad?

O ran y band, ro'n ni'n dal i gael ambell gìg ond dim byd bron yn y gogledd, oedd yn biti achos ro'n i'n arfer mwynhau teithio yno ac wedi neud llawer o ffrindiau yno. Beth bynnag, roedd mwy o ganeuon yn dod a'r cam nesa oedd meddwl am gasét, a newid enw'r band 'nôl i Ail Symudiad. Roedd pob un yn ein galw ni wrth yr enw 'na, ta beth. Doedd rhai pobol ddim yn gwybod taw Jones oedd ein cyfenw ni – Rich a Wyn Ail Symudiad o'n ni i bawb. Fe wnaeth un clerc banc yn Aberteifi ddweud, wrth i fi roi arian i mewn i gyfrif y band,

'Thank you, Mr Symudiad,' gan feddwl 'mod i'n dod o Czechoslovakia neu rywle tebyg, dwi'n siŵr!

Atebais i, 'No, that's our band's name… a Welsh-language pop band, Cardigan etc…?'

Nodiodd yn araf, ond dwi'n siŵr nad oedd hi wedi clywed amdanon ni o gwbwl!

Fel Ail Symudiad y daeth ein recordiad nesa, *Dawnsio*

*Hyd yr Oriau Mân* ym 1987. Casét byr oedd hwn ond o leia roedd yn rhoi'r neges i bawb ein bod ni'n dal i recordio ac yn gallu neud gigs. Ddaeth dim llwyddiant mawr gyda hwn ond roedd un neu ddwy o'r caneuon yn cael eu chwarae tipyn ar y radio fel 'Sbri ym Mynachlogddu' a 'Gwena dy Wên', a chafwyd ymddangosiad ar raglen deledu Hywel Gwynfryn, yn canu 'Buddugoliaeth' – cân arall gan y band am frwydr Nelson Mandela.

## Symud stiwdio

Ar ôl peth amser gyda'r stiwdio yn y tŷ penderfynwyd troi adeilad yn agos i'r tŷ yn stiwdio. Bydde rhai'n ei alw'n 'garej', ond ni ddefnyddiwyd yr adeilad erioed fel garej. Roedd peth stwff gardd yna a hen beiriant golchi roedd Mam-gu'n arfer ei ddefnyddio. Roedd yn adeilad soled, gyda walydd brics, a oedd yn ddelfrydol ar gyfer y cynlluniau nesa ac yn ein galluogi ni i ychwanegu mwy o offer.

Daeth newid mawr yn ein hanes wrth i ni baratoi i newid o stiwdio 8-trac i 24-trac a hefyd meddwl am roi estyniad i'r lle presennol trwy adeiladu *live room* newydd. Roedd yn rhaid i hon fod dipyn fwy na'r stafell reoli, fel ym mhob stiwdio. Ro'n ni'n ffodus iawn o gael cymdogion da, gan fod y stiwdio reit yng nghanol stryd o dai!

Un arall ddaeth i recordio oedd Ieuan Rhys, oedd yn chwarae rhan y sarjant yn *Pobol y Cwm* yr adeg hynny. Nes mlân, daeth Ieuan a Chlwb Pêl-droed Cwmderi i neud sengl.

## Ffrind i'r 'Fab Four'

Yn fachgen ifanc daeth efaciwî o Lerpwl i aros gyda'n hen ewythr, D N Lewis yn Aberteifi, yn ei siop ddillad dynion neu *gents' outfitters* – lle mae siop lyfrau Awen Teifi yn y dre nawr. Enw'r bachgen oedd Alun Owen. Roedd Mam wedi sôn amdano ers blynyddoedd a'r ffaith ei fod yn ysgrifennu dramâu i'r BBC, ond yr hyn oedd yn fwy diddorol i ni'n dau oedd taw fe ysgrifennodd y *screenplay* i *A Hard Day's Night* gan y Beatles! Cafodd ei enwebu am Academy Award ym 1965 am y sgript wreiddiol orau.

Un diwrnod, dywedyd ei fod yn dod i Aberteifi ac isie gweld Betty (Mam), gan nad oedd e wedi ei gweld hi ers sawl blwyddyn. Roedd hyn yn gynhyrfus iawn i ni a dros ginio dydd Sul fe wnaethon ni gwrdd ag Alun – dyn tal, gwallt coch, â sgidiau siarp a chrafát. Roedd e'n edrych fel dramodydd! Cafodd ei eni ym Mhorthaethwy ond symudodd gyda'i deulu i Lerpwl pan oedd yn naw mlwydd oed. Arhosodd gyda ni am tua dwy awr, a sôn tipyn am ei amser yn gweithio gyda'r 'Fab Four', am y partïon gwyllt yn Lerpwl ac am John Lennon yn gallu bod yn ddoniol ac yna'n sarhaus yn yr un frawddeg! Cafwyd prynhawn arbennig yn sgwrsio a chafodd gopïau o senglau AS cyn mynd. Ffoniodd o fewn mis neu ddau a dweud ei fod wedi mwynhau'r caneuon yn fawr. Ddaeth dim gìg i ni yn y Cavern chwaith! Mae rhai'n meddwl y dyle fod plac ar wal Awen Teifi yn nodi llwyddiant Alun, gan ei fod wedi byw yno ar un adeg. Mae'r Parch. D Ben Rees o Lerpwl wedi ysgrifennu llyfr amdano a bues i'n sgwrsio gyda fe am gysylltiad Alun ag Aberteifi a'n teulu ni.

Yn ystod diwedd yr 80au daeth si fod Emyr Penlan, Brychan Llŷr a Chris Lewis o Aberteifi yn ffurfio band o'r enw Jess ac roedd Owen i ymuno â nhw. Gofynnodd yn gwrtais iawn a oedd gwrthwynebiad gyda Wyn a fi iddo neud hynny ac, wrth gwrs, 'na' oedd yr ateb, ond roedd hynny'n ein gadael ni gyda'r gwaith o chwilio am ddrymiwr arall! Aethom i weld Jess mewn gìg a gweld eu potensial yn syth – cerddorion ifanc gwych a Brychan yn *frontman* perffaith i'r pedwarawd. Gydag amser recordiodd Jess gasét gyda Fflach a brofodd yn boblogaidd a dyna ddechrau eu gyrfa lwyddiannus, ac ro'n ni'n falch iawn o'r ffaith eu bod yn dod o'r dre.

Sylweddolodd Fflach bod angen rhywbeth i blant ar y label felly gofynnwyd i griw'r rhaglen deledu boblogaidd *Hafoc* recordio. Prosiect diddorol arall oedd *Merched yn*

*Benna* ac roedd nifer o ferched blaenllaw yn y maes gwerin, pop a roc yn ymddangos ar y casét yma.

### Fflach ar daith

Aeth Fflach yn symudol gydag Aelwydydd ar Gân a mynd ag offer recordio dros benwythnos i wahanol rannau o Gymru. Kevin a fi aeth ar y daith i'r gogledd – roedd Wyn yn methu mynd. Rhaid cofio taw hwn oedd un o'r troeon cynta i ni recordio ar *location* a defnyddiwyd carafán un o'n ffrindiau. Ar ben y ffaith bod y ffliw arna i, roedd hi'n aeaf oer iawn a ninne'n mynd i lefydd fel Llangwm a Llanuwchllyn. Yn Llangwm digwyddodd rhywbeth i'r peiriant recordio a daeth llais Ieuan Rhys, er yn dawel, dros y *tannoy*! *Panic stations*! Roedd Côr Aelwyd Llangwm ychydig yn *bemused*! Dyma ymddiheuro a rhedeg i'r ciosg agosa i ffonio Wyn. Yn ffodus iawn, cefais ateb yn syth, ac ar ôl esbonio'r broblem dywedodd Wyn fod angen troi sianel llais Ieu bant a bydde popeth yn iawn. Diolch i'r drefn, fe weithiodd hynny a chafwyd perfformiad da gan y côr, ynghyd â'r corau eraill ar y daith. Roedd yn braf gweld tafarn yr Eagles yn Llanuwchllyn ar ôl y recordiad ola a mwynhau peint gyda ffrind a chyn-*roadie* Ail Symudiad, Arfon Griffiths a Beryl ei wraig, oedd yn byw ger Llanuwchllyn.

### Tip top!

Yn weddol gynnar yn hanes y band dywedodd Gerwyn Richards, un o'n ffrindiau o Aberteifi oedd yn chwarae rygbi yn Llanelli, fod Ray Gravell yn hoff iawn o AS ac, wrth gwrs, ro'n ni'n bles iawn i glywed hynny. Dywedodd Gerwyn fod Ray isie un o'n crysau-T ni felly fe gafodd e un, wrth gwrs. Aeth sawl blwyddyn heibio cyn i Geraint Davies gysylltu â ni a dweud y bydde Ray yn hoffi neud casét o ganeuon ysgafn. Roedd Ray yn boblogaidd tu fas i fyd rygbi gan ei fod yn Gymro mawr ac yn ddyn hoffus dros ben, felly cytunwyd yn syth.

Ar y ffordd adre o swyddfa'r *Teifi-Seid*, byddwn i'n galw mewn i'r stiwdio ambell waith i weld sut oedd pethau'n dod mlân a phan gerddais i mewn un diwrnod roedd Ray, Geraint a Wyn wrthi'n recordio. Teimlais gyfeillgarwch Ray yn syth ac roedd hi'n fraint cwrdd ag e. Roedd yn llawn hiwmor a dwi'n cofio dweud wrtho,

'Dwi'n nabod dy gefnder di, Sandan.'

Meddyliodd am sbel fach ac yna dweud, 'Duw, sneb o'r enw 'na'n perthyn i fi.'

'Wes,' wedes i. 'Sandan Gravell!'

Cafodd Wyn lot o hwyl yn gweithio gyda Ray a Geraint a chyn hir roedd y casét *Tip Top* wedi cael ei ryddhau.

### Fflach yn hedfan!

Gan fod Owen nawr yn chwarae'n gyson gyda Jess roedd yn rhaid edrych am ddrymiwr newydd i AS a chawson ni Dafydd Jones o Gaerfyrddin yn ei le. Ro'n ni'n nabod nifer o gerddorion o'r dre honno ac wedi clywed am Dafydd. Yn ei gyfnod gyda ni cafwyd gìg o'r diwedd yn y gogledd eto, mewn clwb maes carafannau ger Caernarfon. Y noson honno daeth rhai aelodau o'r Ficar i'n gweld. Erbyn hyn roedd rhai'n aelodau o grŵp oedd yn *spin-off* o'r band, sef Y Cynghorwyr.

Ym 1989 daeth Meic Stevens i recordio *Bywyd ac Angau/ Life and Death*. Roedd yn brofiad hudol i Wyn gael gweithio gyda Meic, ac er iddo recordio dwy gân ar gyfer EP gyda Ail Symudiad ym 1986, roedd hyn yn wahanol. Y cerddorion eraill oedd Mark Williams, drymiau; Dave Reid, bas; Guto Dafis, allweddellau; Linda Game, ffidil; a Fran Batin, melodion. Recordiwyd caneuon arbennig fel 'Uncle Victor', 'Ghosts of Solva' a 'Dyffryn Rhyfedd'.

Côr oedd nesa, sef Ar Ôl Tri, record gynta'r bois lleol, yn cael eu harwain gan Wyn Lewis neu Wyn y Vet, fel mae'n cael ei adnabod yn y dre a'r cyffiniau. Ac yna *Casgliad Stephen Pilkington* – casét o gerddoriaeth biano gan y cerddor hynod o ddawnus hwn oedd wedi ymgartrefu ger Blaenffos. Roedd y teitl Saesneg ar y clawr hefyd sef *Stephen Pilkington's Organ Collection*, ac roedd sawl un a ddaeth i'r stondin yn Eisteddfod Llanrwst yn gwenu wrth weld hyn:

'Odi e'n eu cadw nhw mewn jar?!' fydde'r sylw.

Roedd yr Eisteddfod – ein hymweliad cynta gyda stondin – yn ffordd dda o gwrdd â phobol newydd a'r stondinwyr eraill, ac ro'n ni drws nesa i babell Merched y Wawr. Bydde galw arnon ni'n aml i droi sain ein cerddoriaeth i lawr ond roedd ochr bositif i'r safle hefyd – te a phice ar y maen bob prynhawn! Digwyddiad pwysig yr wythnos honno oedd rhyddhau casét newydd gan Jess ac roedd y diddordeb yn y band wedi cynyddu llawer. *Y Gath* oedd y teitl ac argraffwyd crysau-T ar gyfer yr ŵyl, lle chwaraeodd y band, ynghyd â hyrwyddo'r casét a'r crys-T ar y stondin. Ar yr ochr roc roedd sengl/feinyl gan Canol Caled, grŵp thrash/roc llawn egni o ardal Crymych, a hefyd casét pop gan Aled Siôn, gynt o Eryr Wen. Roedd Fflach yn hedfan!

Daeth albwm Ail Symudiad mas hefyd, ac roedd aelod newydd gyda ni, sef y gŵr diymhongar, Paul Pridmore o Hwlffordd, Sir Benfro. Ro'n ni'n barod am ddrymiwr rhif wyth!

# 7

# Rhy Fyr i Fod yn Joci

MAE HANES A thraddodiad o gerddorion da yn ne Sir Benfro ac roedd Paul Pridmore yn dilyn y traddodiad hwn. Ac yntau'n fab i berchennog Snowdrop Lane Bakery yn Hwlffordd, roedd yn gyrru un o faniau'r teulu wrth ddosbarthu bara ac yn y blaen o amgylch y sir ac i rannau o Sir Gaerfyrddin a Cheredigion – yr hyn roedd e'n ei alw 'the bun run'! Roedd ganddo hiwmor sych ac roedd yn gallu bod yn berson mympwyol iawn ond doedd e byth yn bragian am ei ddawn gerddorol. Ac am ddawn!

Bydd Wyn a finne wastad yn cofio am y sgwrs gyda'i fam un diwrnod:

'I had a phone call from the school [un o ysgolion uwchradd Hwlffordd] and they asked me "Has Paul played drums before?" and I said "No." Then the teacher said "You'd better buy him a kit then, because I've *never* seen a boy jump on a kit and just play it!"'

Ac yn wir, roedd gan Paul y ddawn brin o allu codi offeryn a gweithio mas sut i'w chwarae heb 'run wers ffurfiol – hyd yn oed y piano. Ymunodd â ni jyst cyn recordio'r casét/ albwm *Rhy Fyr i Fod yn Joci*, ac roedd deg cân newydd wedi'u paratoi – y casgliad llawn cynta ers *Sefyll ar y Sgwâr* ym 1982. Trefnwyd nosweithiau i recordio gan fod gwaith gyda'r ddau ohonon ni yn ystod y dydd.

Ar y pryd roedd Wyn a fi'n meddwl y bydde isie sawl noson i recordio'r drymiau (wedi'r cyfan, doedd Paul ddim wedi clywed y caneuon), ond dyna sioc gawson ni. Dwi'n cofio dweud wrth Paul y bydden ni'n mynd trwy'r gân sawl gwaith ar y gitâr, ond doedd dim rhaid. 'Just play it a couple of times and I'll see what I can do,' meddai.

Ar ôl cwpwl o weithiau roedd e'n barod i roi'r trac lawr ac felly, dros ddwy noswaith, recordiwyd y drymiau i bob cân – rhywbeth anarferol iawn, gan gofio nad oedd e'n ddrymiwr sesiwn ar y pryd. Fe wnaeth Paul helpu Wyn i gynhyrchu *Joci*, a chafwyd help cerddorion eraill megis Chris Lewis o Jess, a Peredur ap Gwynedd, a aeth mlân i chwarae gyda Natalie Imbruglia, ynghyd â Rheinallt ei frawd, oedd yn canu lleisiau cefndir ar yr albwm gyda Geraint Jones, gynt o Rocyn.

Wrth feddwl am lun clawr *Rhy Fyr i Fod yn Joci* penderfynwyd cael tri pherson y tu ôl i glawdd cwrs rasio gyda dim ond y capiau joci yn y golwg. Fi oedd un, ynghyd â Morys Gruffydd, oedd yn byw ym Mlaenffos ar y pryd, a'r actor Morgan Hopkins.

Yn dilyn rhyddhau'r casét dechreuodd y band gael mwy o gigs, ac un o'r llefydd hynny oedd Clwb Ifor Bach, Caerdydd pan oedd Ceri Morgan yn rheolwr yno. Bu Ceri'n garedig iawn i ni a bydden ni'n chwarae yno yn gymharol reolaidd, ond ar y pryd doedd AS ddim yn boblogaidd iawn yn y sîn Gymraeg. Roedd bandiau fel yr Anhrefn, Ffa Coffi Pawb, Crumblowers, U-Thant, Y Cyrff a Datblygu ac eraill yn dod yn llawer mwy amlwg. Ond roedd y caneuon newydd, serch hynny, yn mynd i lawr yn dda. Mae'r gân 'Rhy Fyr i Fod yn Joci' (a theitl yr albwm) wedi cael ei hysbrydoli gan Joseph Merrick, yr Elephant Man, ac yn sôn am y rhai sy'n beirniadu pobol am fod yn 'wahanol':

> Dyma'r ffair a dyma'r sbri,
> I chi'n edrych arnon ni,
> I chi'n synnu arnon ni,
> Beth sy'n anghyffredin

Mewn gweld rhywun sy ddim
Yn union fel pob un?
Ond pwy sy i ddweud beth sy'n iawn,
Bod munudau yn gwneud awr,
Bod misoedd yn mynd yn flwyddyn;
Ac roedd rhai o bobol waetha'r byd
Digon diniwed mewn llun,
Ond tu fewn roedd y diawlineb.

Ac rwy'n rhy fyr, rhy fyr i fod yn joci
Ond y'ch chi yn rhy fawr.

[Ac ail ran y pennill nesa…]

Ac mae ysbryd Mr Merrick dal yn fyw,
Un o oreuon dynol-ryw,
Ac esiampl i ni'i ddilyn;
Ac os y'ch chi'n gofyn beth sy'n bod,
Daw yn amlwg, siŵr o fod,
Mae pob calon yn curo'n debyg.

Ac rwy'n rhy fyr…

## Artistiaid di-ri

Yn y stiwdio roedd y recordio yn mynd yn ei flaen – Lle Anghysbell, Ruth Barker, Stephen Pilkington a Cerrig Melys, Harri Go Ffes, Stuart Manning a chasgliad gan Tynal Tywyll. Chafodd caneuon Tynal Tywyll ddim eu recordio yn y stiwdio, dim ond cael cytundeb gyda'r band i roi eu goreuon ar gasét. O ardal Aberteifi daeth casét nesa côr Ar Ôl Tri o'r enw *Tawel yw'r Môr*.

Erbyn hyn roedd gŵr busnes lleol, sef Granville John, wedi ymuno â Fflach fel partner ac ro'n ni'n hapus iawn i'w groesawu. Roedd cefnogi diwylliant Cymraeg yn bwysig iddo ac ro'n ni'n ei adnabod ers sawl blwyddyn fel cynhyrchydd dramâu i Aelwyd Crymych a Chwmni Theatr Bro'r Preseli pan oedd Wyn a finne'n helpu ar yr ochr gerddorol. Roedd ganddo ddiddordeb mewn cerddoriaeth hefyd a syniadau da am sut i farchnata Fflach. Yn nes mlân, fe oedd yn arfer mynd â stondin Fflach i'r Steddfod a'r Sioe.

Daeth Mabsant i lawr i recordio. Roedd Siwsann George yn berson cyfeillgar iawn a chanddi lais hyfryd ac mae 'na golled a bwlch mawr ar ei hôl yn y byd gwerin Cymraeg. Roedd hi o hyd yn fodlon ein helpu ni i hyrwyddo Mabsant ac roedd hi'n llawn syniadau am y maes gwerin yng Nghymru. Un o'r CDs cynta i ni ei gynhyrchu oedd *Tôn Gron* gan Mabsant, y recordiad cynta gwerin 'go iawn' i Fflach, ac aeth tipyn o waith i mewn i'r clawr hefyd. Mae gan Rhodri Davies, un o'n ffrindiau ni yn y dre, atgofion melys o Mabsant gan ei fod yn canu llais cefndir ar un neu ddwy o'r caneuon.

Roedd y CD yma'n dangos bod Fflach yn medru mynd i lawr llwybrau gwahanol, oherwydd ar ôl Mabsant gwelwyd y cwmni'n troi at bethau clasurol, gyda'r merched talentog Pedwarawd y Preseli. Yn dilyn rhain, ac o Drefdraeth hefyd, daeth y merched dawnus Nerys a Llinos Richards, sydd wedi mynd mlân i chwarae gydag enwau mawr yn y byd clasurol a phop, gan gynnwys Robbie Williams.

Roedd poblogrwydd a phroffeil Jess yn mynd o nerth i nerth ac yn amserol iawn daeth *Hyfryd i Fod yn Fyw* mas ar gasét a CD – un o'r ychydig ar y pryd roedd Fflach yn eu rhyddhau yn y ddau fformat. Roedd yr albwm yma'n gampwaith gan y bois o 'dop y dre'! Roedd nifer fawr yn mynd i'w gigs yn y cyfnod hyn.

Beth sy'n arbennig am redeg label a bod mewn band yw'r bobol wahanol ry'ch chi'n dod ar eu traws, fel Bryn Chamberlin, y canwr o Sir Fôn sydd wedi ymgartrefu yn Llandudno. Idris Charles wnaeth sôn wrthon ni am Bryn a dweud ei fod wedi bod yn aelod o'r Anglesey Strangers a bod llais arbennig ganddo. Felly, ar ôl clywed tâp o Bryn yn canu, gwahoddwyd e i recordio casét. Roedd y Strangers yn boblogaidd iawn yn y 60au, yn chwarae ar hyd a lled gogledd Cymru ac yn Lerpwl hefyd. Aeth y Strangers i Lundain ym 1964 i recordio gyda'r cynhyrchydd enwog Joe Meek, ond yn dilyn ei farwolaeth chafodd y sengl 'Suzanne' ddim ei rhyddhau. *Yn Cofio* oedd enw'r casét ac roedd gan Bryn gyfieithiad o un o ganeuon Buddy Holly. Roedd ei lais yn gweddu'n berffaith i'r arddull yma a hefyd i ganu baledi. Cafwyd llawer o hwyl gyda Bryn ac roedd yn hollol broffesiynol, ac yn chwarae'n gyson yn ardal Llandudno; roedd *residency* ganddo yn y London Hotel yn y dre.

## Colli allweddi

Ym 1990 aeth Fflach â stondin i Eisteddfod yr Urdd, Dyffryn Nantlle, ardal hyfryd ond ddim mor hyfryd i berchnogion car Chrysler Avenger, yn enwedig rhai oedd hefyd yn berchen ar label recordio.

Roedd Siôn Williams wedi dechrau gweithio yn swyddfa Fflach a Wyn, Siôn a fi oedd wrth y stondin yng Nglynllifon, yn Nyffryn Nantlle. Un diwrnod roedd yn rhaid i Wyn fynd i Gaernarfon i lungopïo posteri i'w rhoi o amgylch y Maes. Ar ôl tua awr a hanner ro'n i'n dechrau meddwl ble oedd Wyn, ac ar ôl bron i dair awr roedd Siôn a fi'n gofidio – yn enwedig gan nad oedd Caernarfon yn bell o'r Maes.

Aeth bron bedair awr heibio ond tua diwedd y prynhawn dyma berson â golwg ofidus arno yn agosáu at y stondin.

'Ble fflipin hec wyt ti wedi bod?!' neu eiriau tebyg!

'Ymm... dwi 'di colli allweddi'r car!'

'O na, shwt?!'

'Wen nhw yn 'y mhoced i, ond pan gyrhaeddes i'r siop llungopïo wen nhw ddim 'na.'

Roedd Wyn wedi bod gyda'r heddlu ac wedi holi yn siopau o gwmpas y dre, heb unrhyw lwc. Diolch i'r drefn, daeth ein nabyddiaeth o bobol ardal Caernarfon yn handi ac fe wnaeth ffrind i ni gysylltu â garej oedd yn fodlon gweithio ar y car dros nos. Fe wnaeth e 'ail-greu' y *steering block* rywffordd i'n galluogi ni i ddechrau'r injan gyda bar bach metal, ac fel

73

'na fuodd y Chrysler am weddill ei oes. Roedd allweddi Llys-y-coed ar goll hefyd, felly roedd yn rhaid ffonio Aberteifi i esbonio popeth, gwaetha'r modd. Ar wahân i hynny, aeth yr Eisteddfod yn iawn! Ar ambell glawr casét ar ôl hyn, enw'r cynhyrchydd oedd Wyn 'Allweddi' Jones!

Recordiwyd Côr Merched Ceulan, o ardal Penrhyncoch; Canol Caled, y grŵp roc o ardal y Preselau; ac Act! o Gaerfyrddin; ynghyd â Jess gyda'r sengl feinyl *Julia Guitar*.

## Tipyn o strach!

Un o'n ffrindiau yn y gogledd ers y dyddiau cynnar oedd Gwyn Hughes, oedd yn byw ger tafarn y Goat, Bryncir, ac wrth recordio Lleisiau Mignedd arhosodd Wyn, fi a'n ffrind Graham Bowen gydag e. Dechreuodd y penwythnos trwy gwrdd â Gwyn yn y Goat, ond wrth i fi fynd at y bar 'nes i swingo fy nghot dros fy ysgwydd a chwalu dau beint oedd ar fwrdd ger y bar. Ymddiheurais i'n fawr i'r ddau ddyn oedd yn edrych yn syn arna i ac, wrth gwrs, brynais i ddiod yn eu lle. Dechreuad da! Ond roedd y diwrnod canlynol yn llawn strach, a dweud y lleia.

Wrth gyrraedd y neuadd ysgol ble roedd y recordio'n digwydd dyma Wyn yn edrych am y bocs *leads* i'r amps, gan gynnwys *jack to jacks* i'r meics, a Graham a fi'n chwilio ym mhob man amdanyn nhw. Yn anffodus, cyn i ni ddechrau o Aberteifi cofiais i fi roi rhyw focs 'nôl yn y stiwdio ac, wrth gwrs, ar y pryd do'n i ddim yn sylweddoli bod eu hangen nhw, gan feddwl bod digon o rai sbâr gyda ni. Felly, yn ystod yr amser pan oedd y côr yn ymarfer, roedd Wyn wedi gorfod mynd i Fangor i brynu mwy o *leads*!

Yn y byd roc dechreuodd grŵp o'r enw Dom yn ardal Crymych. Roedd y gerddoriaeth yn dangos dawn Siôn 'Dom' Williams fel cyfansoddwr, fel ar ei recordiad cynta, *Yn Cynnig Mwy Na'r Cyffredin*. Roedd Siôn wedi bod yn gweithio i ni yn y swyddfa ac yn helpu ar yr ochr dechnegol. Daeth casét mas hefyd gan Jina, a'r band yn berffaith ar gyfer llais bendigedig Jackie Williams.

Saethodd Ail Symudiad fideo yn harbwr Aberteifi o'r gân 'Llongau'r Byd' – un o sawl cân oedd yn olrhain hanes y dre a'r porthladd ac un oddi ar *Rhy Fyr i Fod yn Joci*. Cân oedd yn mynd lawr yn eitha da mewn gigs oedd 'Ci Tair Modfedd' o'r un casét. Bob dydd Sul bydden i'n mynd i lawr i'r siop yn y pentre i brynu papur newydd a wastad yn sylwi ar benawdau'r *Sunday Sport* – 'Elvis's Bus Found on the Moon' a phethau tebyg. Ond yr un a dynnodd fy sylw un bore oedd 'Three Inch Dog Ate my Missus!' ac yn wir roedd llun o 'gi' yn sefyll ar law'r dyn 'ma! Felly es i ati i ysgrifennu 'Ci Tair Modfedd':

Mae pethau pwysig yn y byd,
Yn ddi-werth i ni.
Pwy sy'n cysgu gyda pwy?
Dyna beth sy'n poeni ni.
Cael gafael yn y stori,
Ar y lleuad mae buwch yn pori,
Ac mewn ogof dan y ddaear
Mae actorion *Crossroads* dal i dreial.

Mae ci tair modfedd wedi bwyta'n wraig i
Yn sydyn un prynhawn,
Mae ci tair modfedd wedi bwyta'n wraig i,
Dyna ddiddorol iawn!

## Mynd ar goll

Eisteddfod ddim cweit mor ddiddorol oedd yr un yn yr Wyddgrug ym 1991. Roedd hi'n dipyn o daith ar y gorau o Aberteifi ond yn fwy pell byth i logi stondin symudol o Fryste (fel wnaethon ni) a'i dreifo lan yr holl ffordd. Roedd Kevin, Siôn a fi wedi mynd â'r stoc ac wedi glanio'n saff ar y Maes, ac roedd yn rhaid aros i Wyn gyrraedd â'r stondin – y tro yma, Wyn gafodd y job hynny, nid Granville. Roedd yn yrrwr da, profiadol, a hyd yn oed wedi dreifo trwy Lundain sawl gwaith pan oedd tua ugain oed.

Roedd hyn, wrth gwrs, cyn dyddiau ffôn symudol. Roedd e i fod i gyrraedd erbyn chwech o'r gloch ond, am saith, doedd dim sôn amdano ac erbyn wyth roedd Kevin, Siôn a fi'n dechrau gofidio – lot! Tua naw o'r gloch, a hithe bron yn dywyll, dyma olau'n agosáu – Wyn a'r stondin! Roedd e wedi trio mynd i gyfeiriad Birmingham ac wedyn mlân i Groesoswallt a'r gogledd ond, am ryw reswm, aeth at Spaghetti Junction a mynd ar goll, gyda'r pwysau trwm y tu ôl i'r car. Ond o'r diwedd daeth 'nôl *on track* ar ôl bod rownd yr horn, ac roedd y saffari drosodd; roedd hi'n Eisteddfod dda, serch hynny!

### Hadau'n cael eu plannu

Daeth Ail Gyfnod, band o gymoedd De Cymru, â cherddoriaeth *techno* i Fflach trwy gyfrwng y ddau frawd Dyfan a Gwion Jones. I'r pegwn arall, recordiwyd deuawd boblogaidd arall sef Vernon a Gwynfor (fe wnaeth Vernon recordio ei CD ei hunan nes mlân). Daeth Saith Rhyfeddod â cherddoriaeth werin eto i Fflach ac roedd o hyd yn bleser delio gyda Jeifin Jenkins, oedd yn dod â Phentrecagal i amlygrwydd!

Dwi'n cofio Cusan Tân o ardal Aberystwyth yn dod i recordio – prosiect diddorol iawn. Un o'r aelodau oedd Sue Jones-Davies, un o'r actorion yn *Life of Brian*. Ro'n i, fel ffan o Monty Python, wrth fy modd yn clywed Sue yn sôn am y ffilm a'r Pythons. Daeth hi ac Ann â rhyw ddimensiwn arall i Fflach gyda'r CD yma.

Daeth yr enwog 4 yn y Bar lawr i Aberteifi, ynghyd â merch ifanc o Gwm Gwendraeth o'r enw Gwenda Owen.

Felly, roedd hadau'n cael eu plannu ar gyfer y dyfodol ac roedd pethau'n dechrau mynd yn gynhyrfus iawn, nid yn Nhreforys y tro yma ond ar 'Ochr Sir Benfro o'r Dre'!

# 8

# Diwrnod yn Derry

CAFODD FFLACH YR anrhydedd gan Eisteddfod Genedlaethol Aberystwyth 1992 o gynhyrchu CD gan artistiaid o Geredigion neu rai â chysylltiad â'r sir: Gillian Elisa, Dai Jones, Llanilar, Ar Ôl Tri ynghyd â Robin Huw Bowen a hyd yn oed Ail Symudiad! Felly, roedd tipyn o amrywiaeth ar y CD. Roedd cân yr Eisteddfod hefyd, dan y teitl syml 'Ceredigion', wedi'i hysgrifennu gan Gareth Ioan ac Euros Lewis. Roedd cyflwyniad byr yn y llyfryn gan Syr Geraint Evans, oedd yn byw yn Aberaeron ar y pryd, a llun trawiadol gan Aneurin Jones ar y clawr.

Ar y label recordiwyd Ilid Llwyd Jones o'r gogledd ar yr obo a'r recorder a hefyd Delwyn Siôn gydag *Un Byd*. Yr adeg yma hefyd recordiwyd grŵp gwerin bywiog, gwahanol ei naws o ardal y Bala a Dolgellau sef Defaid. Roedd Llio Millward o Aberystwyth yn un arall yn y cyfnod hwn.

Penderfynodd Malcolm Neon roi nifer o'i ganeuon ar gasét dan y teitl *Heno Bydd yr Adar yn Canu* – yr un teitl â rhaglen radio Nia Melville – a bu grŵp roc ifanc yn recordio gyda'r enw bachog Tips Wyn Gruffydd, gyda Dylan Ebenezer yn 'sgorio' ar y gitâr fas! Daeth recordiad arall gan Dom yn y cyfnod hwn hefyd, sef *Pan Bydd Dau Ysbryd yn Un Bydd Cariad Heb Ffin*.

Roedd Pamela Davies wedi dechrau yn adran gyfrifon Fflach ers tipyn, gan fod pethau'n mynd yn fwy prysur ac ar ben hynny roedd isie rhywun ar Wyn a fi i neud te a slipo lawr i'r dre i brynu ein hoff sigârs! Roedd Pam yn drefnus iawn ac roedd gwaith papur PRS/MCPS yn cynyddu. Mae'n dal i weithio gyda ni yn y swyddfa hyd heddiw.

Dim sbel ar ôl hyn, ychwanegwyd Meinir Lewis at y staff, i weithio yn y swyddfa trwy ateb ffôn, trefnu amserlen y stiwdio, delio gydag artistiaid a phethau cyffredinol. Roedd Meinir yn ychwanegiad pwysig arall i'r tîm.

## Semtexx

Daeth y teimlad wedyn bod isie label ar wahân arnon ni i fandiau pop a roc felly sefydlwyd Semtexx. Roedd yr enw ychydig yn ddadleuol gan ei fod yn cael ei gysylltu â therfysgwyr, ond cael enw 'ffrwydrol' tebyg i Fflach oedd ein bwriad. Y band – neu'r ddeuawd – cynta ar y label hwn oedd Jim 'n' Ems. Roedd Jim Saunders yn dod o ardal Birmingham yn wreiddiol, ac Ems yn fab i Mair Garnon James o Landoch.

Bandiau eraill a recordiodd ar Semtexx yn ystod rhan gynta'r 90au oedd Jylopis, o Glwyd; NFA ac Almanac o ardal Caernarfon; RMS o Aberteifi; a Byd Newydd, *Byw Mewn Ofn*. Cafwyd CD cynta Dom (casetiau yn unig a gafwyd cyn hyn) hefyd yn y cyfnod hwn – gydag, o bosib, y teitl hira erioed i record Gymraeg, *Inmudeelsareinclaynoneareinpinetarisinoaknoneare*. Dwi'n cofio Siôn yn dweud taw dywediad ei dat-cu ar ochr ei fam oedd hwn, o dde Cymru.

Ers tipyn, Steve Hamill o Lanelli oedd dylunydd ein casetiau, bachgen dawnus iawn a oedd yn ychwanegu tipyn at ddelwedd y bandiau. Roedd hefyd yn arlunydd arbennig ac mae ei lun o harbwr Aberteifi ar wal gartre gyda fi – defnyddiwyd y llun ar glawr casét côr pensiynwyr y dre.

Rhyddhawyd *Ddy Mwfi* gan AS ar y label hwn a chafwyd tipyn o hwyl yn recordio caneuon fel 'Diwrnod yn Derry' ac 'Aros am Oes'. Daeth nifer o gerddorion i'n helpu eto – Chris Lewis a Myfyr Isaac ar gitâr a'r ddau frawd Rhys ac Iwan Williams gyda chyflwyniad gwahanol, Scouse-aidd i'r casét! Roedd Derec Brown, Geraint Davies, Siôn Williams, Rheinallt ap Gwynedd a Nicky Yeomans yn canu lleisiau cefndir. Chris wnaeth gymysgu'r albwm.

Roedd Wyn a fi'n defnyddio'r enwau joclyd Rhisiart a Wyn ap Betty ambell waith a phan ofynnais i Paul Pridmore, ein drymiwr, beth oedd enw ei fam ar gyfer ei roi ar y clawr, dywedodd e 'Betty' hefyd! Saethwyd fideo o'r gân 'Gormod o Frains' yn Ysgol y Preseli gyda Rhys Williams yn gyfarwyddwr. Roedd un o'r golygfeydd ola yn y lab cemeg, ac roedd Wyn a fi'n esgus darlithio, yn gwisgo cotiau gwyn a wigs. Fe wnaethon ni orferwi un o'r boteli cemegol o dan *Bunsen burner* nes bod dŵr ym mhob man. Roedd y criw i gyd yn chwerthin gymaint ro'n ni bron methu gorffen saethu'r olygfa, er bod ochr ddifrifol i'r gân, yn sôn am bobol gyda 'gormod o frains' oedd yn eu galluogi nhw i greu bomiau ac arfau dinistriol:

> Yn dy feddwl di mae'r nos yn dod,
> Yn dy feddwl di mae'r dydd yn oer,
> Yn dy feddwl di mae'r pethau cas,
> Yn dy feddwl di mae'r môr rhy las,
> Yn dy feddwl di mae'r arian mawr,
> Yn dy feddwl di mae arfau'n iawn,
> Yn dy feddwl di mae byd o boen,
> Yn dy feddwl di rhaid lladd yr Oen.
>
> Gormod o frains sydd gyda ti...

Yr adeg hon, roedd Gwenda Owen yn dod yn artist pwysig i'r label gan recordio *Aur o Hen Hafau*, ynghyd â Rosalind a Doreen a Lliwie (parti o ardal Machynlleth). Roedd Wyn Jones arall yn gweithio i Fflach nawr, neu Wyn 'Rocyn' fel roedd e'n cael ei alw. Roedd e'n drylwyr iawn wrth ei waith fel peiriannydd ac yn gymorth mawr i Wyn ni.

Rhywun arall oedd yn barod iawn ei help i Fflach oedd Dylan Williams, Theatr Felinfach, ac roedd Dylan wedi bod yn

ddilynwr ffyddlon i Ail Symudiad ers dyddiau Blaendyffryn. Roedd e'n hoffi clywed Wyn a finne'n siarad a rhannu jôc â rhywun ar faes yr Eisteddfod a hwnnw/honno'n edrych yn syn:
'Doedd rheina ddim yn deall hiwmor Tenby Road. Aeth e reit dros eu pennau nhw!' dywedai Dylan yn aml.

## Steddfodau a sioeau

Doedd Fflach ddim yn mynd i Eisteddfod yr Urdd bob blwyddyn ond roedd Wyn a fi wedi bod yn cyfeilio i Aelwyd Crymych yn y gystadleuaeth Noson Lawen ers blynyddoedd ac yn mwynhau cydweithio â nhw, a rhoi help gyda'r caneuon. Roedd Des a Helen Davies yn arwain yr Aelwyd ac roedd y ddau frwdfrydig yn ysbrydoliaeth i'r bobol ifanc, ond yn cael cymorth gan sawl un ar y gwisgoedd a'r set, ynghyd â syniadau i'r Noson Lawen ei hunan.

Yn Eisteddfod yr Urdd Abertawe a Lliw ym 1993 roedd stondin gan Fflach ac un diwrnod, ychydig cyn i ni gau am y dydd, daeth gŵr o'r enw Graham Jenkins i mewn am sgwrs ac ysgwyd llaw:
'Chi wedi clywed am fy mrawd i, fwy na thebyg?'
Doedd dim syniad gen i na Wyn, wrth gwrs, heb gael rhyw fath o *hint*.
'Richard Burton!' dywedodd, a chafwyd sgwrs ddifyr amdano ac am Liz, wrth gwrs! Jyst diwrnod cyffredin arall yn Eisteddfod yr Urdd!

Ro'n ni hefyd wedi dechrau mynd i'r Sioe yn Llanelwedd – profiad hollol wahanol i fynd i'r Eisteddfod, ond ro'n ni wrth ein boddau'n mynd yna. Gan fod stondin Fflach yn rhes B bob tro bydden ni'n cwrdd â'r un stondinwyr bron bob blwyddyn, ac un o'r stondinau oedd siop ddillad o'r enw Sauve o Birmingham. Un bore ro'n i'n sefyll gydag Alan, y perchennog, ac fe dynnais ei sylw at yr arwydd:
'That's an odd name Alan, Sauve.'
'Oh, you've noticed, have you?' dywedodd. 'Well, it was

meant to be "Suave" but my graphic designer friend was dyslexic and it ended up as Sauve on our letterheads and our garments as well.'

Cafwyd cwmni Mici Plwm a Rosfa (y Parch. Eirian Wyn), oedd yn perfformio ar ddiwedd ein rhes ac yn barod iawn i alw am ddished o de a Welshcakes yn ein carafán y tu ôl i'r stondin. Un arall i elwa o Welshcakes Mary Thomas (fy mam-yng-nghyfraith) oedd Tudur Lewis wrth stondin Sain, un o gang ffyddlon Login, Hendy-gwyn oedd yn cefnogi Ail Symudiad pan ddechreuodd y band. Person arall oedd yn galw heibio oedd Marc Griffiths. Un diwrnod, a finne'n gwisgo capan â'r enw Ali G ar fy mhen, dywedais, 'Bore da, Marc, neu alla i alw ti Marci-G!' Roedd hynny pan oedd e gyda Radio Ceredigion, ond sticodd yr enw a nawr dyna'r enw mae'n ei ddefnyddio ar Radio Cymru.

Dau artist oedd yn dod â sylw i'r stondin yn y Sioe oedd y tenor Washington James a Meurig Davies yr iodlwr – mae iodlan yn y Gymraeg yn anarferol – ac roedd canu gwlad hefyd yn apelio ynghyd ag ambell gôr.

Yn dilyn rhyddhau *Ddy Mwfi* fe ymddangosodd Ail Symudiad ar y teledu am y tro cynta ers sbel, yn canu 'Rhyw Lawer Rhy Dew, Eamon' – cân am fyd y dartiau – a daeth gigs yng Nghaerdydd a Cross Hands am y tro cynta gyda'r Moniars. Cân arall oedd yn mynd i lawr yn dda oedd 'Na Fiw sy gyda Granville'. Roedd Wyn yn nhŷ Granville John – un o gyfarwyddwyr Fflach – rhwng Blaenffos a Chrymych pan ddywedodd,

'Yffach, ma *view* grêt 'da ti, Granville. Ti hyd yn oed yn gallu gweld y fferi'n mynd mas yn Abergweun!'

Meddyliais am hyn wedyn, ac felly daeth y gân:

Wrth edrych mas o'r tŷ
Rwy'n gweld adeiladau lu,
Efallai af am sbin i weld darlun o berffaith hud;
Mewn eiliad bydda i 'na,

81

Mae ar ei orau yn yr haf,
A bydd y brown, y gwyrdd a'r glas
Yn codi pawb i'w traed.

Na fiw sy gyda Granville,
Na fiw sy gyda Granville bob dydd,
Ac rwy'n aros am wahoddiad i'r sioe.

Yn y gornel dde mae'r bad
Yn hwylio i'r emrallt wlad,
A chyfrinachau'r cernydd bell
Yn awr yn eitha saff,
Cadno mas am dro,
Llyffant yn dweud helô,
Dewin yn eistedd ar y graig
A lori Texaco!

## Yr emrallt wlad

A sôn am Iwerddon, yr emrallt wlad, roedd Wyn wedi recordio yn y stiwdio gân gan Arwel John a finne o'r enw 'Cân i'r Ynys Werdd', gyda Gwenda Owen yn canu, a phenderfynwyd ei hanfon hi i gystadleuaeth *Cân i Gymru* ym 1995, a oedd i'w chynnal ym Mhontrhydfendigaid. Roedd tipyn o gynnwrf pan ddaeth y newyddion fod y gân wedi mynd trwyddo i'r rownd derfynol.

Aeth bws-mini o'n ffrindiau i'r noson, a brofodd i fod yn noson drydanol wrth weld y gynulleidfa fawr yn Neuadd Bont, a braf oedd cwrdd â'r cystadleuwyr eraill a sgwrsio dros bryd o fwyd cyn i'r noson fynd mas yn fyw ar S4C. Pan ddaeth tro Gwenda, a ni'r cyfansoddwyr i gyd yn eistedd yn y seddau blân, teimlais drosti ond llwyddodd Gwenda i drosglwyddo naws Geltaidd y gân i'r gynulleidfa, gyda'r pibau *uilleann* Gwyddelig yn gefndir.

Roedd toriad wedyn cyn i'r canlyniadau ffôn ddod trwyddo, oedd yn teimlo fel oes! Ond o'r diwedd, a phawb 'nôl yn y neuadd, dyma nhw'n cyhoeddi bod 'Ynys Werdd' wedi ennill! Gyda Nia Roberts yn ein galw ni i'r llwyfan, edrychais rownd i siglo llaw â rhywun ac roedd Arwel wedi mynd yn barod! Cyrhaeddais i'r llwyfan ychydig ar ei ôl e – mae pobol clou yng Nghwm Gwendraeth! Ym mis Ebrill daeth hi'n amser y daith i Tralee ac roedd Wyn, fi, Gwenda a'r cerddorion yn edrych mlân yn arw. Roedd band Gwenda yn mynd, sef Hywel Maggs, Dave Preece, Henry Sears a Linda chwaer Gwenda, gyda Wyn ar y bas a finne ar offeryn o'r enw *moral support*. Felly, cwrddon ni tu fas i swyddfa Fflach, gyda'r fferi'n hwylio am 3 y bore a chyrraedd Rosslare am 7.

Penderfynwyd cael brecwast yn New Ross, nid nepell o'r porthladd, ar y ffordd i Tralee. Wrth gyrraedd y caffi, a finne ar fy ail ymweliad â'r ynys, soniais pa mor gyfeillgar oedd pobol draw 'ma – croeso twym Gwyddelig ym mhob man – a phan ddaeth y ferch oedd yn gweini at y bwrdd gofynnais iddi o ba ran o Iwerddon roedd hi'n dod.

'I'm from Russia!' atebodd.

Roedd lot o dynnu coes ar ôl hyn, wrth gwrs.

Mae Hywel Maggs yn gitarydd arbennig a chanddo hoffter o dynnu lluniau 'cawslyd' o arwyddion siopau ac roedd ei gamera'n cael lot o ddefnydd ar y daith. Un o'i ffefrynnau draw 'na oedd yr enw 'Abrakebabra' ar siop kebabs a *dry cleaners* o'r enw 'A Touch of Class'!

Roedd y rhan fwya o'r digwyddiadau yn cael eu cynnal yn y Brandon Court Hotel ac ar y prynhawn dydd Iau roedd cystadleuaeth caneuon y gwledydd Celtaidd yn y gwesty. Yn wahanol i bleidleisio slic rhaglen Avanti, roedd bwrdd du a sialc, ac ambell gamgymeriad wrth totio'r sgôr! Yn y diwedd, cân Gwenda enillodd ac wedyn roedd yn *rhaid* dathlu o gwmpas Tralee, yn doedd e? Trist oedd ffarwelio â'r dre yn County Kerry. Daeth y gân mas ar CD Gwenda *Dagre'r Glaw*.

> Rwy'n cofio recordio'r cryno-ddisg Dagre'r Glaw yn Stiwdio Fflach.
> Roedd y caneuon wedi eu cyfansoddi ac roedd popeth yn ei
> le yn barod i recordio. Mae Richard a Wyn wedi rhoi cyfle a
> dechreuad i lawer o artistiaid, yn ogystal â'r profiad o recordio.
>
> Gwenda Owen

Daeth recordiau hefyd gan Morus Elfryn, Jac y Do, Parti'r Gromlech, Côr Newyddion Da, Dylan Davies, Côr Merched Bro Nest, Derec Brown (*Taten Soffa*), Lliwie a Deiniol Wyn Rees. Pleser oedd croesawu Crys i neud CD ar y label – grŵp roedd Ail Symudiad wedi chwarae gyda nhw yn yr 80au.

Daeth casét pwysig iawn allan ar y label sef *Dau Gi Bach* – 21 o hwiangerddi i blant yn cael eu canu gan Catrin Davies, a hyd heddiw, ynghyd â'r fersiwn CD, hwn sydd wedi gwerthu orau i Fflach ac, yn eironig, dim ond piano a llais sydd ar y recordiad. I blant eto roedd *Glas Glas Blaned* a *Straeon Hud a Lledrith*.

Ym 1995 hefyd ffurfiwyd Wes Glei, cwmni teledu ar y cyd rhwng criw o Theatr Felinfach a Fflach, gyda Jim Parc Nest yn gadeirydd ac Euros Lewis yn gynhyrchydd. Cafodd y cwmni ifanc, ymhen amser, gomisiwn i neud cyfres ddrama i blant a ysgrifennwyd gan Gareth Ioan o'r enw *Marinogion* a hefyd y ffilm ieuenctid *Hambons*, a ysgrifennwyd gan bobol ifanc Ceredigion. Dangoswyd y ffilm ar S4C ac enillodd y Wales Youth Work Excellence Award. Mae Wes Glei yn ddiweddar wedi neud *Low Box* a'r rhaglen ddogfen *Croeso i Gymru*. Fflach wnaeth y dybio a rhyddhau tri fideo – y cartwnau *Siôn Corn*, *Nadolig Twm Twrchyn* (allan o *Wind in the Willows*) a *Plismon Puw*, o'r rhaglen deledu Gymraeg i blant. Bryd hynny, fe wnaethon ni fuddsoddi mewn system Audiofile, system golygu digidol.

Pan ddaeth Eisteddfod yr Urdd i Sir Benfro ym 1995, braint oedd cael cynhyrchu casét o artistiaid y sir dan y teitl *Hela'r Twrch*. Canwyd y brif gân, o'r un enw, gan dalent ifanc newydd o'r enw Lowri Evans o Drefdraeth, gyda chantorion o Ysgol Gynradd Crymych, Ysgol y Preseli ac Adran ac Aelwyd Crymych yn gefndir. Ysgrifennwyd y geiriau gan Gareth Ioan a'r artistiaid eraill ar y casét oedd Beti a Siân, Pedwarawd y Preseli, Dom, Tecwyn Ifan, Aelwyd Crymych, Crwthyn, Jess, Catrin Davies, Parti'r Gromlech ac Ail Symudiad. A dyma'r tro ola i Paul Pridmore chwarae drymiau i ni, ar y gân 'Trip i Llandoch'. Dim sbel fawr ar ôl hyn aeth e mlân i chwarae i'r band Electrasy, oedd i'w gweld ar raglen Chris Evans, *TFI Friday*, ac aeth eu halbwm i siartiau Prydain. Bu wedyn yn teithio America gyda nhw a byw yn Llundain. Mae e nawr yn byw yn Awstralia.

Bu Borcyn a Diems yn recordio a daeth casét ola Dom mas, sef *Bwgan Brain*, ynghyd â thâp o hiwmor unigryw Eirwyn Pontshân; eraill oedd Nar, Yr Hergwd, Y Strabs, Tim Hughes, Dalek Babies a Gillian Elisa, ac yng nghanol y rhain i gyd roedd Côr Meibion Dwyfor.

### 'Moths and butterflies'

Roedd yn rhaid mynd i Blas Tan y Bwlch ger Harlech i recordio Côr Meibion Dwyfor a chafwyd penwythnos bendigedig. Roedd twrnament pêl-droed Ewrop mlân ar y teledu ac ar y prynhawn Sadwrn roedd Lloegr yn chwarae a chafodd arweinyddes y côr drafferth fawr cael yr hogiau 'nôl i ganu yn y neuadd. Roedd aelodau'r côr (a Wyn a fi) yn awyddus iawn i weld ein ffrindiau dros y ffin yn ennill ond dwi'n meddwl taw colli wnaethon nhw a gyda chalonnau trwm yr aeth pawb 'nôl i recordio!

Mae Plas Tan y Bwlch yn lle bendigedig ac yn croesawu cerddwyr, pobol â diddordeb mewn trenau, natur a phethau tebyg. Wrth gael brecwast fore trannoeth eisteddodd Wyn a fi ar fwrdd gyda'r arwydd bach arno 'Moths and Butterflies', ac wedyn daeth yr arbenigwyr i mewn:

'I logged the *Abraxas grossulariata* (magpie moth) last night.'

'Did you really?' dywedodd rhywun ar y bwrdd. 'What about you two?'

'We were recording the Cor-us Dwyfor-us, a very popular Welsh choir!'

Deallodd pawb y jôc, diolch byth, a chafwyd brecwast diddorol iawn yn eu cwmni. Tua blwyddyn ar ôl hyn, tra o'n ni ar wyliau yn Iwerddon, pasiodd y bws-mini trwy Dingle, ac ar gornel stryd roedd un o aelodau Côr Meibion Dwyfor! Gwaeddais arno drwy'r ffenest:

'Helô! Chi'n canu 'ma?'

A gwaeddodd e wrth i ni basio, 'Pwy y'ch chi'n recordio draw fan hyn?!'

Mewn cyfarfod yn Fflach, trafodwyd sefydlu label newydd ar gyfer cerddoriaeth werin a phenderfynwyd, gydag arweiniad Ceri Rhys Matthews, y pibydd Cymraeg, ffurfio fflach:tradd. Agorodd hynny ddrysau newydd i ni a dechrau cyfnod pwysig yn hanes a datblygiad Fflach wrth inni geisio gael sylw rhyngwladol i'n cerddoriaeth ac efallai taith neu ddwy arall i'r Ynys Werdd.

# 9

# Yr Oes Ail

YN DILYN FFURFIO fflach:tradd ym 1997 rhyddhawyd dau
CD ar y label sef *Ffidil* a *Datgan*. Ceri Rhys Matthews oedd
yn cynhyrchu a daeth nifer o ffidlwyr gorau Cymru ynghyd
i recordio ar *Ffidil*. Casgliad o ganeuon digyfeiliant oedd
*Datgan* gyda Julie Murphy o Gymru, Annie Ebrel o Lydaw,
Lillis Ó Laoire o Iwerddon a Màiri Smith o'r Alban. Roedd
yn rhaid i Wyn fynd i Glencolmcille yn County Donegal i
recordio Lillis a Màiri, ac i Lydaw ar gyfer Annie. Roedd hyn
yn dipyn o waith i Wyn a Ceri, a dyma'r tro cynta i ni recordio
y tu fas i Gymru, ond roedd y CD yn werth yr holl deithio. Yn
Llydaw roedd yn rhaid i Wyn, a Ceri a'i deulu, gysgu mewn
pebyll a recordio Annie mewn eglwys fach mas yn y wlad.

Cafwyd ymateb da i'r ddau CD yn y wasg ac adolygiadau
ffafriol yn *Folk Roots* ac ambell gylchgrawn arall. Anfonwyd
CDs Fflach i Radio 3 am y tro cynta ac aeth rhai i orsafoedd
radio a chylchgronau dramor. Cafwyd sylw hyd yn oed yn yr
*Irish Times* gan Fintan Vallely i *Datgan*.

Erbyn hyn, a finne wedi colli fy swydd yn y *Teifi-Seid*,
ro'n i'n gweithio yn swyddfa Fflach ac yn helpu Arthur, ein
cynrychiolydd, o dro i dro i fynd o gwmpas yn gwerthu
casetiau a CDs. Yn Nolgellau un tro 'nes i barcio fy Mini
Metro y tu ôl i Mercedes *top of the range*. Ro'n i wedi mynd â
phentwr o CDs i Dan Morris y ffidlwr a chwrdd ag e yn y dre.
Wrth gerdded i'r maes parcio gyda Dan dyma fi'n pwyso'n
hamddenol yn erbyn y Merc.

'Duwcs, ma Fflach yn talu'n dda!' medde Dan.

'Wel odyn, fy ail gar i yw hwn!'

Ond wedyn dreifais i bant yn y Metro a gadael Dan yn chwerthin yn y maes parcio!

Ym 1997 daeth ein hymweliad cynta ag Iwerddon i hyrwyddo fflach:tradd a Ceri a finne'n gwahodd Bob Evans a Gareth Whelan o'r albwm *Ffidil* i fynd gyda ni i Ddulyn. Mae 'na ryw agwedd arbennig yn Iwerddon tuag at ganu gwerin a phan aeth Ceri a fi i siop Claddagh Records i geisio gwerthu'r CDs dywedodd Tom Sherlock, y perchennog:

'You're very brave trying to promote Welsh traditional music in Ireland!'

Wrth fynd i weld *Irish Music Magazine* roedd hi'n amlwg nad oedd llawer o wybodaeth gyda nhw am ein canu traddodiadol ni, ac roedd Sean Laffey, y golygydd, yn methu deall pam nad oedd Cymru'n neud mwy dros hybu ei chanu gwerin. Roedd gwybodaeth Ceri yn amlwg yn neud argraff dda ar Sean a teimlwyd ein bod yn cenhadu hefyd. Mewn gìg gwerin yng nghanol y ddinas gwelwyd Cran yn chwarae. Roedd pob math o oedran yn bresennol yn y dorf o tua 250 ac roedd digon o sŵn wrth y bar a siarad mawr ar y byrddau ond pawb yn hollol dawel pan oedd y band yn chwarae. Nawr 'te, pa wlad sy'n *hollol* wahanol i hynna?! Ar ôl y tri diwrnod roedd teimlad bod yr ymweliad wedi bod yn un gwerth chweil ac roedd yn rhaid meddwl am brosiectau nesa fflach:tradd.

Roedd lein-yp Ail Symudiad wedi newid eto, gyda Jim Saunders yn ymuno ar y gitâr a Mathew Lundberg, neu 'Horace' fel yr oedd yn cael ei alw, ar y drymiau. Y nawfed drymiwr! Roedd y ddau'n dipyn o gymeriadau – Jim wedi bod yn aelod o Jim'n' Ems a band yn Birmingham oedd yn arfer cefnogi'r Clash. Gyda dau aelod newydd daeth sawl gwahoddiad i neud gigs unwaith eto ar ôl cyfnod cymharol dawel. Er nad oedd Jim na Mathew yn siarad Cymraeg roedd y ddau'n neud ymdrech i ddysgu ac i ddeall yr iaith a chafwyd croeso sawl gwaith i ardal y Bala, ble chwaraeon ni yn y clwb golff, yng nghanol y dre ac yn Llanuwchllyn. Cafwyd gigs hefyd yng Nghlwb Ifor Bach, Llambed, Caerfyrddin, Talybont ac unwaith yn Llangrannog ar Nos Galan.

Roedd teithio'n dal i fod yn hwyl, a chwrdd â gwahanol bobol yn bleser. Un tro, yn y Bala, dyma Horace yn adrodd stori am yr UFO a welodd uwchben Llyn Tegid flynyddoedd yn ôl, ar y ffordd adre i Aberteifi o goleg technegol yn Wrecsam. Ro'n i a rhai pobol leol tu fas i'r clwb golff pan soniodd am y profiad:

'It was a full moon that night, very clear as well; I had passed through the town and then, suddenly, at the far end of the lake I could see a light in the sky so I stopped the car and got out. Then the light started to move slowly across the lake, and I got a bit scared, but I stood my ground, and I could practically see the aliens in the cockpit of the craft. Then, all of a sudden and with a quick burst of speed – whoosh, it was gone!'

'Maybe it couldn't land on water!' dywedodd un o'r trigolion lleol.

Sai'n credu bod ei stori'n dal dŵr, ta beth!

## Mwy o brosiectau cyffrous

Yn y stiwdio daeth bachgen ifanc o Borth Tywyn, Caradog Rhys Williams, i recordio ac roedd ei ddawn yn amlwg. A hefyd, fe wnaeth Fflach brosiect mawr gyda Pernod o Goleg y Drindod a'u fersiwn gwefreiddiol nhw o *Teilwng yw'r Oen* o dan arweinyddiaeth fedrus Marian Thomas. Daeth yr actor Arwel Gruffydd atom i recordio *Cyrraedd yr Haul*, wedi ei gynhyrchu'n gelfydd gan John Hywel Morris o Fangor. Cafwyd albwm arall gan y gantores boblogaidd Gwenda Owen, *Teithio 'Nôl*, a bu'r hwyliog Moniars yn recordio hefyd. *Rhywbeth yn y Glas* oedd teitl CD yr amryddawn Gillian Elisa.

Band a wnaeth argraff fawr ar bawb oedd Catsgam a'r CD cynta ganddyn nhw i'r label oedd *Moscow Fach*; ar ôl hwn daeth *Cam*. Roedd y ddau'n profi dawn Rhys Harries fel cyfansoddwr, a recordiwyd *Cam* yn Famous Studios gan Tony Etoria. Aeth Wyn a finne i Gaerdydd un tro a phenderfynwyd ymweld â stiwdio Tony. Mae Tony'n dipyn o gymeriad a doedd e ddim wedi cwrdd â ni wyneb yn wyneb o'r blân, dim ond siarad ar y ffôn lawer gwaith. Felly, es i i'r drws tra bod Wyn yn eistedd yn y car a rhoi rhyw fath o acen Saesneg posh mlân a 'campo' fe lan ychydig gan ddweud:

'Let me see your wonderful studio, my good fellow!'

'What? Who are you?!'

'Don't worry about that, my dear. Just let me in, please, or I might get rather cross!'

Dechreuodd golli amynedd...

'What do you want?'

'Never mind, it's just nice to meet you.'

'OK, matey, that's enough. On your way!'

'I'm Richard from Fflach by the way!'

'Oh, you bugger!' dywedodd Tony.

Wedyn, cafwyd sgwrs ddifyr a the a bisgedi, fel sy'n draddodiad mewn stiwdios recordio.

Roedd sawl albwm wedi ei ryddhau gan fflach:tradd erbyn hyn, gan gynnwys *Telyn* gan feistres y delyn deires, Llio Rhydderch o Sir Fôn. Gwnaeth y CD yma argraff fawr ar neb llai na Derek Bell o'r Chieftains a chafodd Llio lythyr personol o ganmoliaeth ganddo. Rhai eraill oedd y KilBride Brothers o Gaerdydd – triawd diddorol a dreuliodd eu plentyndod gyda'u rhieni ar Ynys Bŷr – a'r albwm cynta o'i fath yng Nghymru sef *Pibau* gan Ceri Rhys Matthews a Jonathan Shorland. Ro'n i'n falch iawn fod fflach:tradd yn torri tir newydd yn y byd gwerin Cymraeg erbyn hyn, a phobol o'r tu allan i Gymru yn dechrau cymryd sylw o'r label.

## Taith arall i Iwerddon

Penderfynwyd mynd ar daith fer i Iwerddon gyda Llio a dwy o'i disgyblion, Hafwen Catrin Thomas ac Elin Wyn Jones, y KilBride Brothers, Ceri, Wyn a fi ynghyd â gŵr Llio, Graham. Roedd y gìg cynta yn Nulyn, wedyn cwrdd â phobol o'r *Irish Music Magazine* cyn teithio lawr i Limerick ar gyfer gìg yn y brifysgol a mlân i Spiddal, County Galway.

Yng ngwesty'r Harcourt, St Stephen's Green oedd y gìg – roedd rhan o'r gwesty yn arfer bod yn gartre i George Bernard Shaw. Graham wnaeth sylwi ar yr enw ar y poster yn y lobi yn dweud *'Lilo* Rhydderch and her pupils'! Aeth y cyngerdd yn dda iawn er nad oedd yno gynulleidfa niferus.

Fore trannoeth, wrth gerdded yn y ddinas, sylwais ar rywun yn gwrando'n astud ar ein sgwrs. Dyna fusneslyd, feddyliais i!

'Is that a dialect of Anglo-Saxon?' gofynnodd y gŵr ymhen tipyn.

"No, it's Welsh,' dywedodd Wyn.

'Thank God for that, that's all right then!' oedd ei ateb, a cherdded bant, a'n gadael ni'n chwerthin!

Y noson honno aeth y naw ohonon ni am bryd Indiaidd, a brodor o Ddulyn nad oedd o dras Indiaidd oedd yn gweini. Dechreuodd trwy ddweud:

'Now, this food can be very hot... and it comes with rice, either pillaw or plain... a bread called naan...'

Ond mewn ychydig eiliadau dywedodd un o'r KilBrides:

'We're from Wales. Curry is our national dish!'

Yn dilyn y bwyd aethon ni i'r Cobblestone, oedd yn enwog yn y ddinas am ei sesiynau gwerin, a chwrdd â'r pibydd Neil Mulligan. Roedd Ceri yn ei adnabod a chafwyd croeso mawr yno.

Yn ystod y nos cafodd y pibau Cymreig a'r pibau *uilleann* eu chwarae ac, wrth gwrs, ffidil a gitâr y KilBrides, a Llio a'i disgyblion ar y delyn deires. Roedd un dyn dylanwadol,

John Brophy y newyddiadurwr, wedi mwynhau gymaint fe ysgrifennodd am y noson yn yr *Irish Music Magazine.* Mae Iwerddon yn ynys fawr ac roedd teithio o un gìg i'r llall yn cymryd cryn dipyn o amser. I Limerick aethon ni nesa i neud gìg yn y brifysgol. Chwaraeodd y cerddorion mewn cyngerdd amser cinio a chafwyd ymateb da gan dorf o tua 80 i gerddoriaeth draddodiadol Gymreig. Doedd y rhan fwya ohonyn nhw ddim wedi clywed cerddoriaeth debyg yn cael ei chwarae'n fyw a bu Wyn a fi'n brysur yn gwerthu CDs a llawer yn gofyn i'r artistiaid am hanes y gerddoriaeth.

Wedi'r noson yn Limerick roedd y daith yn mynd â ni i Spiddal, Galway, lle roedd sesiynau enwog mewn tafarn o'r enw Hughes's Bar. Ro'n ni wedi clywed y bydde cerddorion Gwyddelig yna ar y nos Iau, felly cyrhaeddon ni'r lle gwely a brecwast a mynd i lawr wedyn i'r pentre i gael bwyd ac ambell beint o Guinness cyn mynd i'r dafarn.

Roedd yn lle bendigedig, tafarn wirioneddol draddodiadol gyda'r iaith Wyddeleg yn cael ei siarad yn naturiol, ac aeth hi'n noson hwyr! Mae'n syndod pwy welwch chi ar hap yn Iwerddon. Wrth sefyll y tu fas i'r dafarn dechreuodd Wyn a fi siarad â merch oedd yn tiwnio ei banjo. Dywedodd Wyn a fi ein bod wedi mwynhau ei cherddoriaeth, a hithe hefyd yn dweud ei bod yn hyfryd clywed cerddoriaeth werin o Gymru, rhywbeth prin yn Iwerddon, meddai. Dyma ni'n esbonio wedyn ein bod ar daith yn cynrychioli fflach:tradd. Mary Shannon oedd ei henw. Mae ei chwaer, Sharon Shannon, yn fyd-enwog am chwarae'r acordion yn benna ac yn wir, hyd heddiw, ei CD hi, gyda'r enw syml *Sharon Shannon,* yw'r un sydd wedi gwerthu orau ym maes cerddoriaeth draddodiadol yn Iwerddon. Y bore wedyn rhaid oedd teithio 'nôl i Ddulyn a'r daith wedi gorffen, yn flinedig iawn ond yn llawn brwdfrydedd am ddyfodol y label a'n hartistiaid.

Yn y stiwdio roedd pethau'n eitha prysur. Roedd y clybiau ffermwyr ifanc yn dod aton ni'n aml i recordio ar gyfer cystadlaethau, a mudiadau eraill yn llogi Fflach – a'r gwaith yn amrywio o gitâr a llais i bartïon neu recordio hwiangerddi Cymraeg a Saesneg. Daeth CD gan grŵp addawol ifanc *indie*/pyncaidd o Gaerfyrddin sef Doli, gyda Mared Lenny yn canu a'i brawd Rhun ar y gitâr. I'r gwrthwyneb wedyn, buon ni'n recordio gyda dau artist canu gwlad, Lynn Davies a Dai Evans.

Y CDs nesa ar fflach:tradd oedd Megin (cerddoriaeth acordion); y ffidlwraig Sian Phillips; wedyn Rag Foundation o Abertawe – a lansiwyd yr albwm yn y Spitz Club yn Spitalfields, Llundain. Un person â label gwerin ei hun oedd Tim Healey o Rydychen, a ie, fe yw mab Denis! Fe wnaeth e logi Stiwdio Fflach i recordio un o CDs Fernhill. Cymeriad hoffus iawn yw Tim a tra oedd e yn Aberteifi dywedodd, pan oedd ei dad yn No. 11, bydde Tim yn gofyn i yrwyr tacsi fynd ag e i Stryd Downing ond doedd neb yn ei gredu – efallai oherwydd taw stiwdant a'i wallt yn hir oedd e! Unwaith, yn Sheffield, mewn gŵyl rhwydweithio gwerin, aeth Ywain Myfyr (Sesiwn Fawr Dolgellau), Tim a finne am gyrri gyda'n gilydd. Wedd e'n ffein hefyd!

Aeth fflach:tradd i Lydaw hefyd, i gwrdd â Keltia Musique yn Quimper, ein dosbarthwyr ar y cyfandir. Fe wnaeth Julie Murphy gyfweliad gyda Radio Bretagne Ouest ac aethom i glywed Annie Ebrel yn canu mewn *fest noz*. Aethon ni ar ymweliad hefyd i weld gìg y ffliwtydd enwog Jean-Luc Thomas a chael croeso mawr yn y neuadd ganddo fe a'r band. Roedd gweld tua tri chant o bobol yn dawnsio i gerddoriaeth werin Llydaw yn agoriad llygad. Arhoswyd wedyn yng ngogledd Llydaw gyda Roy Eels a'i wraig Susan. Roedd y ddau wedi 'dianc' o Lundain, lle roedd e'n arfer gweithio i'r *Economist*, ac wedi prynu 'manor house' bach yn ardal Trégor – bydde'r Arglwydd Mwldan yn ei hoffi dwi'n siŵr! Trwy eu cysylltiadau nhw gwrddon ni â pherchennog un o labeli recordio bach Llydaw a diddorol oedd clywed am y frwydr i gadw'r iaith ond, wrth gwrs, roedd yn rhaid ffarwelio â'r wlad ddiddorol hon, wedi dysgu llawer.

### Adnabod Louis Walsh!

Yn Abergwaun roedd Myles Pepper wedi dechrau mudiad rhwng y West Wales Arts Centre a Wexford Arts Centre yn Iwerddon o'r enw Celtic Connections a gofynnodd i Wyn a fi fod ar y bwrdd. Cawsom ein cyfarfod cynta yng ngwesty'r Fishguard Bay. Roedd Myles yn awyddus i ni gwrdd â Jackie Hayden, rhan-berchennog *Hot Press* (cylchgrawn pop a roc mwya Iwerddon), a meddwl am brosiect i gydweithio arno. Penderfynwyd neud CD o fandiau ac unigolion o ddeddwyrain Iwerddon a gorllewin Cymru, i gynnwys Sir Benfro a rhannau o Sir Gaerfyrddin a de Sir Aberteifi. Casglwyd tapiau at ei gilydd gan yr artistiaid i gyd ac es i a Wyn draw i gartre Jackie a'i wraig Mary ger Rosslare i ddewis y caneuon llwyddiannus ar gyfer y CD.

Mae Jackie wedi bod yn rhan o'r sîn roc yn Iwerddon ers y 70au ac mae'n ddyn diymhongar, llawn hiwmor. Cafodd y ddêl recordio gynta i U2 ar CBS ar ôl iddo'u gweld nhw mewn cystadleuaeth bandiau. Un amser cinio, a ninne'n gwrando'n astud yn nhafarn y Lobster Pot ym mhentre Carne, bu'n sgwrsio am gyfweliadau gyda Tom Jones, Bob Geldof ac Abba i enwi dim ond rhai. Gofynnodd Wyn iddo:

'Do you know Louis Walsh?'

Cydiodd Jackie yn ei ffôn a dangos enw Louis ar y sgrin, ond roedd yn rhy glou i ni allu nodi ei rif!

Fisoedd ar ôl hynny cafodd y CD ei lansio ar y fferi o Abergwaun, gyda rhai o'r artistiaid yn chwarae. Cafwyd tywydd ofnadwy ar y ffordd draw – mor wael fel bod rhai'n rhy sâl i ganu! Daeth Jackie'n ffrind da i ni yn Fflach, gan basio cysylltiadau yn Iwerddon mlân a rhoi cyngor gwerthfawr i ni. Roedd Myles Pepper hefyd yn ffrind da, yn llogi cyfarpar Fflach sawl gwaith i recordio cyngherddau cerddoriaeth draddodiadol a chlasurol, gan amlaf yn Nhyddewi ac Abergwaun.

> They clearly have a deep love for music and a genuine respect
> for people, and their commitment to music in the Welsh
> language is highly commendable, especially at a time when
> carving out a living in the music industry is a serious challenge.
>
> Jackie Hayden

Ar label Fflach yn y cyfnod hwn daeth CD gan y talentog Aeram, sef *Nostradamus*; Ina Williams, y soprano â'r llais hyfryd; casét cynta'r ddeuawd swynol o Gwm Gwaun, Lilwen a Gwenda; CD arall gan Catsgam, *Dwi Eisiau Bod*; casét a CD gan Aled Hall o Bencader a'i lais cyfoethog; a pherl Pontyberem, Gwenda Owen, yn canu 'Neges y Gân'. Ar ôl y cyfnod hwn recordiwyd *Castradiva* gan Buddug Verona James – CD oedd yn dangos ei llais godidog; roedd ei sioe lwyfan o 'Castradiva' yn rhywbeth arbennig hefyd.

Ar fflach:tradd recordiwyd *Melangell* gan Llio Rhydderch (a hefyd *Enlli* yn nes mlân); y band dawnus Pigyn Clust yn rhyddhau *Perllan*; y cymeriadau bywiog o Abertawe, Boys From The Hill; ac albwm atmosfferig Julie Murphy a Dylan Fowler, *Ffawd*. Ar Fflach, daeth *Carreg ar Garreg* gan y cyfansoddwr bytholwyrdd Delwyn Siôn. Yn agosach at gartre, pleser oedd recordio'r Dhogie Band o Drefdraeth – band sydd wedi bodoli ers dros ddeugain mlynedd ac sy'n dal i ddiddanu cynulleidfaoedd.

Gyda throad y mileniwm yn agosáu daeth label newydd i Fflach, sef Rasp, ar gyfer cerddoriaeth oedd yn cynnwys pethau mwy *indie*, pop/roc, dawns a rap. Y grŵp cynta ar y label oedd Yr Anhygoel o Lan Ffestiniog, diolch i Mici Plwm, gyda chaneuon bachog. Daeth Cacamwci wedyn, o Glwyd, a Doli, nawr ar label Rasp, o Gaerfyrddin. Felly, eto, roedd amser cynhyrfus o'n blaenau fel cwmni.

Roedd nifer wedi gofyn ers tipyn pryd bydde Ail Symudiad yn rhyddhau CD o'u goreuon, ac efallai fod yr Oes Ail ar y gorwel!

# 10

# Pippo ar Baradwys

CAFWYD DIDDORDEB TRAMOR yn recordiau cynnar Ail Symudiad, yn enwedig yn Siapan. Roedd cerddoriaeth pync a thon newydd yn boblogaidd iawn yno, yn enwedig senglau ac LPs grwpiau mwy *obscure* fel Ail Symudiad! Gwelwyd sawl un yn cael ei werthu ar y we, ac mae rhai'n dal i fynd heddiw, a gyda *Yr Oes Ail* mas erbyn hynny (ein casgliad cynta) roedd Fflach yn delio gyda siop yn Tokyo, o bob man! Aeth rhai CDs i America hefyd, ac fe wnaeth un band o Efrog Newydd ofyn am ystyr y geiriau. Felly, ysgrifennais i'r rheiny mas a'u hanfon atyn nhw, a chefais EP gan y band am fy ymdrechion!

Yn yr Iseldiroedd fe wnaeth cwmni bach ryddhau chwe chân o'r senglau cynta ar feinyl (*limited edition*), ac roedd hi fel bod pethau wedi troi mewn cylch – â sawl blwyddyn wedi mynd heibio heb ddim llawer o sylw i'r band, roedd y diddordeb nawr yn cynyddu. Dwi'n cofio John Hywel Morris o PRS/MCPS yn dweud, 'Mae lot o fandiau rownd Llundain yn swno fel Ail Symudiad' a ni ddim wedi chwarae yno erioed! Daeth newid mewn personél hefyd, gyda fy mab hynaf Dafydd yn ymuno ar y drymiau. Ie, y degfed! Y gìg cynta iddo fe chwarae oedd cefnogi Meic Stevens a'r Band yn y Feathers yn Aberaeron, ac roedd Meic a'r band yn garedig iawn iddo ac ynte'n nerfus o flaen tipyn o gynulleidfa.

Erbyn y cyfnod yma daeth y newyddion trist bod Steve Hamill o Lanelli, dylunydd Fflach, wedi marw ac yntau ond yn dri deg naw oed. Roedd Steve yn ŵr bonheddig a chanddo ddawn arbennig o allu peintio *a* dylunio. Fe oedd wedi bod yn neud y rhan fwya o CDs a chasetiau Fflach ers blynyddoedd ac roedd ei hiwmor yn ein siwtio ni i'r dim! Er nad oedd e'n deall yr iaith, roedd yn dwli ar y grŵp Boisbach – y *boy band* o Grymych, sef Bili, Wili, Jim a John. 'You've struck gold there!' bydde fe'n dweud. Mawr oedd ein colled ar ei ôl, fel dylunydd ac fel ffrind. Ry'n ni'n dal mewn cysylltiad â'i frawd Tim, sydd yn Sonic-One Studios yn Llangennech. Un o'r casetiau a ddyluniodd Steve oedd *Dau Gi Bach*, ac i unrhyw un sydd wedi gweld y clawr mae ei waith celf yn sicr wedi bod yn help i'r gwerthiant.

Roedd ein catalog yn cynyddu, a phethau newydd cynhyrfus ar Rasp, megis Kald, band arbrofol o Aberteifi; CD dawns gan DJ Dafis; electro-pop Baswca o ardal Dolgellau; MC Mabon; a pop gan Martin John. Daeth EP cynta cyffrous Mattoidz, CDs newydd gan ddau fand oedd yn datblygu tipyn, sef Vanta a Doli, a sŵn newydd Sintra. Un diddorol ar Rasp oedd *Tradd Matic*, sef traciau o'r label fflach:tradd yn cael eu cymysgu'n electronig gan Jens Shroeder yn ei stiwdio ger Abergwaun. Jens oedd yn gyfrifol am recordio ein cerddoriaeth werin yn ei stiwdio rhwng Hwlffordd a Abergwaun.

Daeth pethau newydd ar fflach:tradd hefyd: *Sidan* gan y KilBrides; Guto Dafis a Gareth Westacott, *Toreth*; *Uplands* gan y Rag Foundation; a *Crwth*, albwm hyfryd o gerddoriaeth yr offeryn hynafol Gymreig gan Cass Meurig. Hefyd, y ddeuawd ddiddorol Sild, Martin Leamon o benrhyn Gŵyr a Sille Ilves o Estonia, gyda'u hoffrwm *Priodi*. Artist arall oedd Gareth Thomas gyda *Bore Trannoeth* – albwm oedd yn dod â sŵn gwahanol, jazz-aidd i Fflach, a chaneuon gwreiddiol hefyd.

Dechreuodd fy meibion, Dafydd ac Osian, fand gydag Einir Dafydd eu cyfnither, o'r enw Garej Dolwen, ac ro'n nhw'n un o fandiau newydd Rasp, gyda Rasputin a Hakome a'r ardderchog Mattoidz yn rhyddhau CDs hefyd. Roedd

Swci Boscawen o Gaerfyrddin yn dechrau ar ei gyrfa ddisglair.

## Tro ar fyd

I fi'n bersonol, daeth tro ar fyd, a hynny yn ystod y Sioe yn Llanelwedd yn 2003. Roedd Wyn wedi sylwi 'mod i'n dawel iawn ac, i fi, mae hynny'n od! Felly, ffoniodd gartre a dweud ei fod yn dreifo fi 'nôl yn syth a gadael ein ffrindiau Gerallt Lewis, y tiwniwr piano, ac Owain Young, cwmni Shwldimwl, i ofalu am stondin Fflach. Y peth rhyfedd yw, does gen i ddim cof o gwbwl o fynd adre. Daeth hi'n sioc fawr i fi pan ddywedodd y meddyg 'mod i'n dioddef o iselder ysbryd ac fe dreuliais i bum mis yn Ward Teilo, Ysbyty Glangwili, Caerfyrddin.

Fe gefais nifer o wahanol dabledi, gan gynnwys *valium*, ac i rywun oedd byth yn cymryd tabled, ddim hyd yn oed ar gyfer pen tost, efallai na wnaeth hynny helpu. Ro'n i'n *zonked* am lot o'r amser. Dwi ddim yn beio'r meddygon – roedd yn rhaid iddyn nhw dreial gwahanol bethau – ond does dim cof gen i o nifer o'n ffrindiau yn ymweld â fi. Er hynny, mae rhai pethau'n sefyll mas.

Un dydd daeth un o'm cyfoedion ysgol mewn i'r ward, ac yntau'n diodde hefyd. Pan welodd e fi yn y Day Room dywedodd:

'Rich, is this a joke? What are you doing here?!'

A dwi'n cofio dweud, 'No, Dai, it's not a joke. I wish it was.'

Dwi'n falch o ddweud bod Dai'n llawer gwell erbyn hyn. Ro'n i'n casáu'r Day Room – roedd menyw wrth y piano yn canu drwy'r amser, a'r teledu yn rhy swnllyd. Dim ond heddwch ro'n i isie. Ar adegau, roedd y nyrsys yn gorfod danfon y rhai oedd wedi dod i ymweld â fi bant, ac roedd y rhan fwya o'r dydd yn mynd yn gorwedd yn y gwely yn fy stafell. Doedd dim llawer o chwant bwyd arna i chwaith a chefais lond bola o dato mash nes bod Ann yn dod ag ambell bryd gwahanol i fi.

Dwi'n cofio, un diwrnod, cerdded allan o'r ward ac edrych lan at gefn Ysbyty Glangwili ar y dde, yr adeilad anferth yma, a ddim yn gwybod beth oedd e. Gwesty? Swyddfeydd? Erbyn hynny ro'n i'n gallu mynd mas o'r adeilad rhywfaint. Roedd yn brofiad rhyfedd iawn, rhyw deimlad o fod ar wahân i bawb a phopeth oedd yn digwydd o'm cwmpas, fel bod mewn rhyw niwl a heb emosiwn.

Un diwrnod, cefais fy ngitâr acwstig o gartre a gofynnodd un o'r nyrsys i fi chwarae un o ganeuon Ail Symudiad. Trïais chwarae 'Garej Paradwys' ond methu. Ta beth, yn raddol, dechreuais droi cornel gyda chymorth Ann, Wyn, y meibion, Mam a Dad, a theulu Ann yn cynnwys Eirlys – nyrs dyner a chyfnither i Ann oedd yn barod iawn ei chyngor a'i chymorth ac yn dod gyda Ann i'r ysbyty yn aml; ac un ffrind arbennig, Owain 'Shwldimwl', oedd yn dod i'm gweld i bob wythnos. Un tro dyma fe'n dweud ei fod wedi bod yn Rwsia yn gwylio Cymru yn chwarae.

'Beth? Yn y *clapped out* Volkswagen Estate 'na sy gyda ti?!'

Ro'n i wirioneddol yn meddwl bod Owain wedi gyrru yna!

Cefais driniaeth ECT nes mlân – *electric shock treatment* – a bob tro o dan anaesthetig, ac fe wnaeth hyn helpu lot. Mae'r driniaeth yma wedi cael ei phrofi'n effeithiol iawn ar gyfer iselder ysbryd. Pan es i am yr un cynta roedd yn rhaid mynd i adran o'r ysbyty o'r enw St Davids, ochr arall tre Caerfyrddin, a'r tro cynta es i ro'n i'n ffaelu deall ble ro'n i'n mynd ar y bws-mini! Mas am bryd o fwyd?!

Dwi wastad wedi bod yn arlunydd sobor o wael a dwi'n cofio'r ferch yn ystod un sesiwn *occupational therapy* yn dweud bod fy 'llun' o fynydd gwyrdd, coed ac afon yn 'Wonderful!'.

'You must be joking, it's bloody awful!' dywedais.

Falle 'mod i'n dechrau gwella wedi'r cwbwl! Ar ôl y cyfnod hir hyn ges i fynd adre a dechrau'r broses araf o wella'n iawn.

Roedd yn od iawn bod gartre, yn nerfus o weld pobol, a galla i ddweud yn sicr bod llawer o bobol ddim yn deall afiechyd meddwl. Dy'n nhw ddim yn gwybod beth i'w ddweud wrthoch chi. Os y'ch chi wedi bod yn sâl mewn ffordd arall, mewn ffordd gorfforol, mae 'na lot o holi. Dwi'n cofio gorfod mynd i gyngerdd lleol – do'n i ddim isie mynd i ddweud y gwir – ac ar y pryd roedd gweld pobol yn sbortian ac yn cael diod neu ddau yn mynd ar fy nerfau.

'Nes i ddarganfod bod mynd mas i gerdded yn y wlad yn help mawr, ond roedd mynd i dafarn neu rywle cymdeithasol yn straen ac roedd hyd yn oed mynd i gìg lleol yn anodd iawn. Do'n i *byth* yn meddwl y bydden i'n ôl ar lwyfan gyda'r band.

Ar ôl bod gartre ers dros flwyddyn ac yn dal i wella, ro'n i'n dal i fynd mas am dro yn y wlad neu ar lan y môr – un o'r *perks* o fyw ar y 'rifiera'! Daeth yr hiwmor 'nôl yn raddol, diolch i wylio *Fawlty Towers*, rhaglenni Alan Partridge, *Royle Family* a ffilmiau Monty Python. Penderfynais dreial mynd 'nôl i weithio yn Fflach am un neu ddau ddiwrnod yr wythnos ond ro'n i'n methu wynebu ateb y ffôn – roedd ei sŵn yn ddigon i fynd ar fy nerfau. Ro'n i'n ffaelu eistedd wrth fy nesg, felly fy ngwaith oedd rhoi cloriau CDs at ei gilydd, pacio archebion a'r stafell stoc. Ond gydag amser daeth yr hyder 'nôl i ddelio gyda'r bobol oedd wedi bod mas o 'mywyd i ers sbel – bandiau, artistiaid, cwmnïau ac ati. Mawr yw ein diolch i Pam Davies, adran gyfrifon y cwmni, am neud mwy na'r galw tra o'n i bant o'r gwaith, trwy ddelio gydag artistiaid a'u CDs, rhedeg y lle o ddydd i ddydd a chadw Wyn mewn trefn! Diolch hefyd i Aled Nicholas am weithio yn y swyddfa yr adeg hyn.

Yn anffodus, bedair blynedd ar ôl hyn daeth tor-iechyd arall ond, yn hollol wahanol i'r un cynta, ro'n i'n siarad gormod y tro hwn! Roedd fel petai dim digon o oriau yn y dydd a bydden i'n codi am chwech y bore i ysgrifennu e-byst, mynd yn fyr fy amynedd a'r tro yma yn or-emosiynol. Felly, roedd yn rhaid mynd at y meddyg teulu a chael tabledi i dreial newid pethau ond, yn y pen draw, 'nôl i'r ysbyty es i, i ward newydd o'r enw Cwm Seren, lle roedd stafelloedd *en-suite* a chyrri ar y fwydlen! Y tro yma ro'n i'n ymwybodol o bopeth oedd yn digwydd a beth oedd pobol yn ei ddweud – ac ro'n i'n hoffi dadlau am ambell beth. Eto doedd y meddygon a'r nyrsys ddim yn siŵr beth oedd yn bod ar y dechrau ond ar ôl bod yna am fis, a thrwy dreial gwahanol feddyginiaethau, cefais y diagnosis fy mod yn 'related bi-polar'. Dwi dal ar dabledi am hyn ond yn teimlo'n dda, ac wedi dysgu, dwi'n meddwl, sut i'w reoli. Dwi'n cofio dweud wrth ein ffrind Jackie draw yn Iwerddon:

'I'm back to normal now.'

'What do you mean "normal"?!' oedd ei ateb!

## Trio ailafael

Yn y cyfnod hwn daeth CD gan y Tri Tenor – Crwys Evans, John Davies a Robyn Lyn – ac roedd hwn yn albwm llwyddiannus, yn gwerthu nifer fawr yn eu cyngherddau. Mae eu agosatrwydd at y gynulleidfa yn rhan o'u hapêl. Fe wnaeth y parti soniarus Cytgan ryddhau CD, a Derec Brown gyda *Hwyl yn yr Haul*, a hefyd *Siani'r Shetland*, sef caneuon am geffyl Anwen Francis, sy'n adrodd ar y CD, a chaneuon gan Dian Morgan Jenkins gyda Lisa Haf yn canu. Rhywun arall wnaeth logi ein stiwdio oedd Sarah Davies o Gwm Gwaun. Mae hi a'i gŵr yn berchen ar y Gwaun Valley Brewery ac mae hi hefyd yn arlunydd da iawn ac yn arddangos ei lluniau o bryd i'w gilydd (mae dau lun yn hongian yn swyddfeydd Fflach). Daeth un o gorau mwya llwyddiannus Cymru, Ar Ôl Tri, mas â'u CD cynta (casetiau oedd y rhai blaenorol) o dan arweiniad medrus Wyn Lewis neu Wyn y Vet (ges i gyngor ar Harriet y bochdew sawl gwaith ganddo fe!).

Roedd mwy o CDs yn dod allan ar Rasp – Swci Boscawen a Vanta. Mae Mei Emrys, canwr Vanta, wedi dod yn ffrind,

ac ry'n ni'n ei weld yn aml yng ngêmau pêl-droed tîm Cymru.
Daeth Caifa, grŵp o Rydaman, mas ag EP – yr Overtones
oedd eu henw blaenorol.

Wedyn, yn 2006, daeth talent arall, Lowri Evans o
Drefdraeth, i neud albwm a oedd yn cynnwys y glasur
'Merch y Myny'. Recordiwyd *Clyw Sibrydion* gyda'r
gitarydd celfydd Lee Mason, sy'n wreiddiol o Cold Blow,
Arberth, a Lee a Wyn oedd yng ngofal y cynhyrchu. Daeth
Coda, o Bencader, i'r label ac fel Garej Dolwen ro'n nhw'n
cyfansoddi caneuon pop bachog. Roedd Lisa Pedrick yn
dalent cymharol newydd ynghyd ag enillydd *Waw Ffactor*
Einir Dafydd – y ddwy yn rhyddhau EPs, hefyd Starsci (heb
Hutch!), band arall o Rydaman a'u roc cadarn.

Ar ôl cyfnod tawel daeth *Gwenllian* gan Llio Rhydderch
mas ar fflach:tradd, gyda thonau traddodiadol newydd wedi
eu cyfansoddi a'u trefnu ganddi hi ei hunan. Roedd hi'n
artist pwysig i ni ac roedd wedi gweithio gydag enwogion
fel Dónal Lunny o'r Moving Hearts, a John Cale. Wedi hyn
daeth *Pibddawns* gan yr amryddawn Ceri Rhys Matthews a
daeth *ABC* i blant bach, a *Tablau* a *Rhifo* hefyd.

*Dim Ond Cariad* oedd albwm newydd Delwyn Siôn, ac
aelod arall o Hergest a ryddhaodd y *Goreuon* oedd Derec
Brown – CD amrywiol iawn oedd yn cynnwys y clasur
'Cerdded Rownd y Dre'.

Ymunodd Mojo â'r label, ac roedd yn wych cael
croesawu'r grŵp poblogaidd yma o Sir Fôn i ryddhau eu CD
cynta i Fflach, *Ardal*, a chynhyrchiad cynta Tudur Morgan
i ni. Roedd yr albwm *Caneuon y Werin* gan Buddug Verona
James yn mynd i gyfeiriad gwahanol a CD cynta Saesneg
Lowri Evans *Kick the Sand*, menter newydd i Fflach a
hyrwyddwyd trwy ffynonellau newydd, gyda chymorth
Jackie Hayden yn Iwerddon a Pat Tynan yn Lloegr. Fe
ddaeth yr albwm yma â chefnogwyr newydd i gerddoriaeth
Lowri.

> Mae wastad yn bleser mowr bod yng nghwmni'r ddau ŵr bonheddig yma! Does dim dal beth sy'n mynd i ddigwydd, pa syniadau gwyllt sydd gyda Wyn Ian ei lawes neu ba jôc *Fawlty Towers* fydd gyda Richard nesa!
>
> Lowri Evans

Penderfynodd Wyn a fi ryddhau'r ail CD o ganeuon Ail Symudiad gyda'r teitl *Pippo ar Baradwys* a llun hyfryd o Mwnt ar y clawr wedi ei dynnu gan Rhodri Davies. Roedd hi'n anrhydedd clywed bod Steve Eaves yn hoffi 'Arwyr Addfwyn', cân am forfilod yn cael eu herlid ym moroedd y byd, ac roedd hon ar *Pippo*:

Môr yw môr ond does dim heddwch,
Pryd, o pryd, y gawn nhw'r tegwch?
Nhw oedd yma gyda'r cyntaf,
Peidiwch rhoi nhw yn olaf.

Anghofio yr addfwyn, addfwyn,
Dinistrio'u byd a'u ffordd o fyw,
Anghofio yr arwyr addfwyn,
Llonydd maen nhw'n gofyn, dyna i gyd.

Tymhorau yn newid ond ddim yr olygfa,
Olwynion eu rhyddid yn symud yn araf,
Bonheddwyr y gwyrdd sydd yn galw,
Gobeithio y ddaw n' trwy'r tywydd garw.

Dechreuais chwarae'r gitâr unwaith eto a daeth yr awydd i adfywio'r band yn 2006 a Wyn yn fy annog i ysgrifennu caneuon newydd. Ond do'n i'n dal ddim yn credu y bydde digon o hyder gyda fi i fentro ar lwyfan.

'Beth am neud un yn Aberteifi gynta?' medde Wyn.

Ac ar ôl pwyso a mesur, penderfynais fynd amdani a threfnwyd gìg yn y Cellar Bar ger y castell yn Aberteifi, gyda chefnogaeth y perchennog Steve Greenhalgh, oedd yn gefnogol i artistiaid Cymraeg a Saesneg.

Daeth noson y gìg a llawer o'n ffrindiau ni yn y dre ac ardal Crymych wedi troi lan i weld Jim, Wyn, Dafydd a fi, ac ro'n ni fel petaen ni wedi mynd 'nôl i'r gorffennol ac yn teimlo'r un mor gynhyrfus â phan chwaraeodd AS yng Nghanolfan Tanybont ym 1979. Aeth y noson yn dda a daeth un neu ddau gìg arall yno ar ôl hyn. Er ein bod yn ddiolchgar iawn i Jim Saunders am ei gyfraniad, dechreuodd Dafydd chwarae gitâr rythm/flaen ac ymunodd Osian, fy mab ifanca, ar y drymiau felly roedd y band yn barod am gyfnod newydd yn ei hanes.

# 11

# Trev a'i Dacsi i'r Sêr

DOEDD FFLACH ERIOED wedi recordio nifer o gantorion â'u cefndir yn y byd clasurol ond roedd yn hyfryd croesawu Catrin Aur i Fflach i neud ei CD cynta. Lansiwyd y CD ym Mhlas Rhosygilwen, Cilgerran ger Aberteifi, diolch i Glen a Brenda Peters, y perchnogion. Mae llonyddwch a phrydferthwch yn rhan annatod o brofiad recordio yn Rhosygilwen ac erbyn heddiw mae Neuadd y Dderwen wedi cael ei hadeiladu ar dir y plas ac yn lle arbennig ar gyfer cyngherddau, gigs a digwyddiadau eraill.

Dau ganwr hoffus o Aberteifi a wnaeth CD ar y cyd oedd Gwyn Morris a Robert Jenkins. Mae Gwyn a Robert yn aelodau o gôr Ar Ôl Tri, ac mae'r ddau wedi canu gyda'i gilydd nifer o weithiau, ynghyd â chystadlu yn yr Eisteddfod – mae Gwyn wedi ennill y Rhuban Glas erbyn hyn. Yn dilyn rhain daeth CD gan Gôr Crymych o dan arweiniad medrus Eiry Jones, gyda gwaith celf unigryw Llŷr John ar y clawr. Casét cynta'r côr oedd *Emynau Mandy Williams* yn 2003.

Yn y gogledd roedd Tudur Morgan yn cynhyrchu CDs i Fflach. Un o'r rhai cynta oedd yr hudol *Clorach* gyda rhai tonau o Sir Fôn, ac artist arall a gynhyrchwyd gan Tudur oedd y canwr â'r llais bendigedig Geraint Roberts, oedd wedi bod yn perfformio tipyn gyda Chwmni Theatr Maldwyn. Roedd Simon Gardner o Stiwdio Rockcliffe, Llandudno yn beiriannydd ar gynyrchiadau Tudur a gyda fe y recordiwyd Catrin Haf, artist newydd i'r label, ac iddi naws canu gwlad.

Ar fflach:tradd rhyddhawyd CD gan y band jazz-gwerin o Gaerdydd, Burum, ynghyd â Pigyn Clust, band dawnus gwerin arall, ac yn drist iawn hon fydde CD ola'r band hwnnw. Mae'r byd gwerin yng Nghymru yn dlotach o golli cantores y grŵp Pigyn Clust, Ffion Haf.

Ynghyd â Sild roedd Cass Meurig (ffidil, crwth a llais) a Nial Cain (gitâr) yn rhyddhau'r CD poblogaidd *Deuawd*. I droi at Rasp, Swci Boscawen oedd un o'r artistiaid nesa i ryddhau CD ar y label gyda'r albwm *Couture C'Ching* wedi ei gynhyrchu gan David Wrench – caneuon pop/roc oedd yn mynnu gwrandawiad dro ar ôl tro. Yn yr un modd, daeth Iglw, Coda ac Eusebio, tri band gwahanol a diddorol, mas â CDs hefyd.

Un o ffefrynnau Ray Gravell oedd Gareth Phillips, y canwr-gyfansoddwr o Landysul yn wreiddiol, a recordiwyd albwm ganddo sef *Blodau a Drain*. Dyw Gareth erioed wedi cael y sylw mae'n ei haeddu yng Nghymru.

Daeth dwy o ferched Sir Benfro, sef Lowri Evans ac Einir Dafydd, mas â chaneuon hyfryd ar ffurf EP – *Dim Da Maria* gan Lowri a *Ffeindia Fi* gan Einir, oedd yn cynnwys y gân a enillodd *Cân i Gymru* 2007. Ym mis Ebrill aeth criw ohonon ni i'r Ŵyl Ban Geltaidd yn Letterkenny, Iwerddon. Mae wastad yn bleser mynd yna, a chafwyd amser da. Ar yr ail ddiwrnod roedd gorymdaith trwy'r dre o gerddorion o'r gwledydd Celtaidd – hyfryd iawn, fel wedodd Eirwyn Pontshân! Wedyn clywodd pawb sŵn drymiau a chwibanau yn y pellter a rownd y gornel daeth cynrychiolwyr Iwerddon – The Letterkenny Samba Band! Roedd e'n teimlo'n sydyn iawn fel carnifal yn Rio, nid gŵyl Geltaidd! Dyna gyfrinach yr Ynys Emrallt, mae wastad rhywbeth i godi gwên! Ychydig wedyn fe wnaeth Einir ryddhau *Pwy Bia'r Aber?*, a geiriau'r bardd deheuig Ceri Wyn Jones yn gaffaeliad i'r miwsig.

### Merched y Wawr a'r *raid*

Ers sawl blwyddyn roedd Fflach yn cynnal nosweithiau agored er mwyn i Ferched y Wawr a mudiadau eraill ymweld â'r stiwdio a bydden i'n adrodd hanes Fflach a Wyn yn dangos y broses recordio, tra bod Pam yn gweini creision, cnau a glased o win neu sudd oren. Yn lle gofyn tâl bydden ni'n gofyn i'r mudiadau roi cyfraniad i Dŷ Hafan. Ond pan ddaeth Merched y Wawr Cwm Gwaun i ymweld â Fflach, doedd neb yn y stiwdio i'w cyfarch! Mewn ciosg yn Wexford, ar ymweliad â Jackie Hayden ar ryw brosiect cerddorol, 'nes i ddigwydd ffono gartre i weld oedd popeth yn iawn.

'Ffona Betty,' wedodd Ann, y wraig. 'Ma rhyw fenywod wedi bod tu fas Fflach am sbel.'

Felly fe wnes i. 'Pwy sy 'na 'te?'

'Merched y Wawr Cwm Gwaun!'

'O na! Dwed ein bod ni'n ymddiheuro'n fawr a byddwn ni'n bwcio nhw i ddod rywbryd eto.'

Ymhen tua dau fis daeth y merched i Fflach eto, a chefais afael mewn poster o Abergwaun gyda logo Stena, y cwmni fferi, ysgrifennu'r geiriau 'No Sailing Tonight!' arno a'i roi ar y drws. Roedd lot o dynnu coes y noswaith hynny!

Yn y cyfnod yma hefyd daeth Heddlu Dyfed Powys i neud CD i ddysgu Cymraeg i bobol ddi-Gymraeg ar y ffors a heddweision ifanc a'r staff yn eu pencadlys yng Nghaerfyrddin. Roedd nifer ohonyn nhw wedi cyrraedd y stiwdio, yn naturiol, mewn iwnifform. Ar Heol Abergwaun, gyferbyn â Tenby Road, roedd rhai'n edrych draw a meddwl bod 'na *raid* o ryw fath yn digwydd ac roedd wynebau'r cymdogion yn bictiwr!

'Beth sy'n digwydd 'te?'

'O, ma Wyn wedi cael ei ddala'n tyfu perlysiau!'

Daeth CD gwahanol a chynhyrfus ar label Rasp, sef *Melys* gan Clinigol, y ddeuawd electro-pop/dawns o Gaerdydd, Geraint Pickard ac Aled Pickard. Roedd y cynhyrchu yn arbennig ac roedd gwestai ar bob cân, yn amrywio o Marged

107

Parry, Heather Jones a Cofi Bach gyda DJ Jaffa i Siwan Morris a Margaret Williams. Daeth band arall o Gaerdydd i'r label sef Y Soda Men â'u caneuon *indie/rockabilly/gwlad*. Teitl yr EP oedd *Tyllau yn y Cymylau* a dyma CD Cymraeg cynta'r grŵp. Roedd y caneuon i gyd gan Euron Griffith, a rhai fel 'Nefi Blw' a 'Bore Heulog' yn aros yn y cof.

## Cymeriadau'r ardal

Mae ardal Aberteifi a gogledd Sir Benfro yn tynnu pobol o wahanol gefndiroedd, gan gynnwys y dyn sain Mike Shoring sy'n byw ger Trefdraeth ac sydd wedi gweithio yn Pinewood Studios yn Llundain, Nik Turner (Hawkwind gynt), a Peter Heneker o Lechryd ger Aberteifi, a'i dad, fel y soniais, wedi ysgrifennu'r ddrama gerdd *Half a Sixpence*, ac mae Wyn a finne wedi cwrdd â sawl person diddorol trwy Myles Pepper o Abergwaun. Mewn cinio yn ei Gaffi Celf yn Abergwaun un noson gwrddon ni ag Andrew Powell oedd wedi symud i Abergwaun, ond a oedd o dras Gymreig.

Roedd Andrew yn ddyn cyfeillgar a chyn hir dyma fe'n dechrau siarad am ei yrfa. Cynhyrchydd pop a cherddoriaeth glasurol yw Andrew a fe a gynhyrchodd y gân 'Wuthering Heights' gan Kate Bush yn Abbey Road. Hi welodd Wyn a finne'n cerdded i lawr y grisiau flynyddoedd cyn hynny:

'I wonder if you were there that day?!'

'Yes, I could very well have been!' dywedodd Andrew, oedd hefyd yn ffrind i Tim Rice. Gofynnwyd iddo a fydde diddordeb ganddo weithio ar ambell brosiect gyda ni yn Fflach ac fe gytunodd.

Hefyd yn eistedd wrth y bwrdd roedd menyw oedd wedi ymddeol o fod yn fferyllydd am flynyddoedd yn Rhydychen, ond oedd nawr wedi ymgartrefu yn ei hardal enedigol, ger Abergwaun.

'It must be wonderful to be involved in music and know so many people...'

'Yes, but McCartney told me never to name-drop!' dywedais.

'Wow, you know him, do you?!' oedd yr ymateb (ac roedd hi o ddifri!).

## Enwogion o fri!

Daeth Fflach wedyn â fersiwn CD o gasét Ray Gravell *Tip Top* gyda chaniatâd ei deulu a chymorth Geraint Davies, oedd yn gyfrifol am sawl cân. Roedd hi'n fraint cael adnabod Ray ac mae colled enfawr i'r diwylliant Cymreig ar ei ôl. Roedd Ray yn nabod pawb ac roedd llawer o hwyl o hyd yn ei gwmni. Roedd ei raglen radio yn boblogaidd iawn yn y gorllewin. 'West is best!' oedd ei ddywediad – 'yn *enwedig* Aberteifi' byddwn i'n arfer dweud wrtho!

Ffrind a chyd-gyfarwyddwr cwmni teledu Wes Glei yw T James Jones ac yn y cyfnod yma dyma Fflach yn recordio cerddi Jim Parc Nest. Mae cerddoriaeth arbennig Llio Rhydderch ar y delyn yn gyfeiliant hudolus i gynghanedd y geiriau. Roedd y cerddi, ac eithrio un, yn dod o'i gyfrol *Nawr*.

Bu Tudur Morgan yn recordio CD arall o'r enw *Lle'r Pwll* gyda'r pwyslais ar berthynas gogledd Cymru a Lerpwl, fel yn y caneuon 'Mynd o Wlad y Medra' a 'Naw Stryd Madryn'. Bu Fflach yn ffodus o gael caneuon newydd gan Emyr Huws Jones o dan y teitl syml *Caneuon Ems* gyda chantorion gwych fel Jackie Williams a Linda Griffiths, ac Emyr Huws Jones ei hun.

*Yr Eiliad Hon* oedd CD newydd Gareth Thomas, caneuon cofiadwy gydag e a Dewi Rhisiart; daeth Catsgam â CD hir-ddisgwyliedig o'r enw *Adnodau gyda Blodau*; a Derec Brown yn recordio *Arwyr Gwerin Cymru* i blant.

Trwy ddrysau Fflach, ac ar ôl cael caniatâd i fyw yn Nhresaith gan drigolion y pentre, daeth Mr Dewi Grey Morris. Aeth e lawr ar ei benliniau a gofyn i Wyn a fi:

'Plis, plis, ga i neud CD gyda chi?!'

109

Roedd Dewi a'r band Radwm yn prysur neud enw iddyn nhw'u hunain ac roedd hi'n amser iddyn nhw recordio. Roedd Dewi'n fodlon golchi'r llestri a phrynu ambell becyn o fisgedi, chwarae teg – yn enwedig Custard Creams! Felly, ganwyd *Pws mewn Pyb* – CD o ganeuon hwyliog fel 'Moliannwn', 'Elen', 'Ie Ie, 'Na Fe' a 'Bing Bong'. Cafwyd lansiad yn nhafarn y Penllwyndu ger Llangoedmor a daeth *Wedi 7* i ffilmio. Profodd y gwerthiant ei fod yn boblogaidd iawn.

> Roedd dyfodol disglair o 'mlaen, cyfleo'dd di-ri i neud enw i'n hunan yn y byd roc rhyngwladol. Roedd Elton John yn ffono fi'n amal; Paul McCartney yn dod i 'ngweld i yn y Talwrn. Yna, es i at Fflach i recordo... Yna... dim... dim... jest tawelwch...
>
> Dewi *has-been* Pws

### Y bobol gyffredin!

*Anifeiliaid ac Eraill* oedd trydydd casgliad Ail Symudiad, oedd yn cynnwys tair cân newydd: 'Y Dewin' am Desert Orchid, y ceffyl â'r naid anhygoel a enillodd nifer o rasys mawr; 'Gnasher', am gi Jack Russell bach hoffus o Lanboidy; ac 'Y Môr a Cilgerran' am bentref Cilgerran ger Aberteifi ac iddo hanes cyfoethog, yn anfon llechi ar gychod i'r porthladd yn y dre. Roedd gweddill y caneuon wedi bod ar feinyl neu gasét o'r blaen, fel 'Sbri ym Mynachlogddu', oedd yn sôn am ddianc i lonyddwch y Preselau, ac roedd hon yn cael ymateb da mewn gigs. Ar y CD hefyd mae 'Yr Ail Waith', sydd wedi ei ddylanwadu gan y *Bounty* a'r gwrthryfel, gyda Fletcher Christian ac eraill yn dianc 'nôl i Tahiti ac i Ynys Pitcairn yn y pen draw i osgoi llongau'r llynges. Roedd 'Heno Mewn Breuddwyd' yn sôn am Nant Gwrtheyrn, a 'Nos Lun o Flaen y Llun' am fynd i'r Pav – y sinema yn Aberteifi; adeilad unigryw, a gwarth ei fod e wedi cael ei ddymchwel. Hefyd, 'Analysis ar Unwaith' a 'Bywyd Gyda'r Jet-Set' – cân o 1979 yn wreiddiol. Un o frodyr Dad oedd David Jones, oedd yn

byw yng Nglynebwy ac yn arweinydd côr y dre; roedd hefyd
yn bregethwr lleyg ac yn sosialydd mawr. Gwelodd e lun o
Che Guevara ar wal fy stafell pan oedd yn aros gyda ni ar
wyliau, a dywedodd:

"Ti'n gwybod pwy oedd y comiwnydd cynta, on'd wyt ti?"

"Na," dywedais.

"Iesu Grist," medde fe, ac efallai fod dylanwad Wncwl Dave
ar 'Jet-Set'. Dyna oedd un o'r caneuon cynta ysgrifennais i ar
gyfer Ail Symudiad, yr un adeg â 'Whisgi a Soda':

Mynd o hyd i bob cornel yn y byd ar eu harian poced,
Byth yn aros i feddwl am neb
Ond pwy sydd ar eu rhestr,
Byw yn yr un byd ond ar wahân i ni,
Gweld nhw yn y papurau ac ar y teledu,
Edrych lawr o hyd ar y werin,
Stwffiwch eich ffordd o fyw, mae e'n ffug.

Bywyd gyda'r Jet-Set.

Blwyddyn fan hyn a blwyddyn fan draw,
Dyna ystyr gwyliau.
Rhaid cael tywydd da a dim glaw
A phob gwas ar ei orau.
Dyw tlodi byth yn poeni nhw,
Rhowch y ffyliaid i gyd mewn sw,
Taflwch yr allwedd i ffwrdd yn syth
A rhowch eu harian i'r trydydd byd.

## Y Morgan Lloyd

Roedd mwyafrif gigs y band wedi bod yn lleol ond ro'n i
wedi sôn ar y radio ein bod yn awyddus i chwarae mwy o
amgylch Cymru a phan ddaeth gwahoddiad gan Dilwyn
Llwyd i chwarae yn y Morgan Lloyd, Caernarfon ro'n ni
wrth ein bodd. Hwn oedd y tro cynta i ni fynd i'r gogledd
ers blynyddoedd mawr ac ro'n i'n ddiolchgar iawn i Dilwyn

am y cyfle. Chwaraeodd Lee Mason gitâr i ni y noson honno.

Ar ôl cyrraedd y dre llifodd yr atgofion melys yn ôl i Wyn a fi o'r tro aethon ni i Gaernarfon gynta i neud gigs Twrw Tanllyd yn yr Eisteddfod a Chanolfan Tanybont – y tro cynta i ni berfformio y tu hwnt i Aberteifi a'r ardal. Roedd y croeso ar y noson yn eitha emosiynol oherwydd daeth llawer o'n dilynwyr cynnar ac aelodau bandiau eraill fel Himyrs, Geraint Løvgreen, Robin Evans, Rhys Harris ac Ifor ap Glyn i'n gweld. Roedd brawd Ifor yno hefyd, Trevor Hughes, gyrrwr tacsi yn Llundain ac mae e wedi bod yn ffrind da ers blynyddoedd. Y tro cynta i ni gwrdd oedd yng Nghlwb Ifor Bach yn y 90au cynnar ac mae wedi dilyn AS ers hynny. Arhoson ni yng Nghaernarfon trwy garedigrwydd Geraint ac Eleri Løvgreen a chafwyd croeso mawr a brecwast bendigedig fore trannoeth!

> Ni fu band senglau gwell cynt nac wedyn. Erbyn hyn 'dan ni i gyd dipyn yn hŷn a dwi wedi mwynhau cwmni difyr y bois o Aberteifi mewn ambell i le dros y blynyddoedd, ac yn dal i fwynhau clywed eu caneuon – hen a newydd – ar y radio'n gyson.
>
> Geraint Løvgreen

Ro'n i wedi cael blas ar ysgrifennu caneuon a'r bwriad oedd rhyddhau sengl arall a neud albwm ar ôl hynny. Daeth caneuon newydd fel 'Grwfi Grwfi', 'Bywyd heb Barbeciw', 'Anrhegion Annapurna' ac un am 'Trev a'i Dacsi i'r Sêr' yn sôn am deithiau a phrofiadau Trevor Hughes.

Yn sgil y Morgan Lloyd cafwyd adfywiad go iawn yn ein hanes ac roedd chwarae ar lwyfan mor bleserus ag erioed, a'r ymarfer yn ein garej ym Mlaenffos yn golygu gigs am ddim i'r cymdogion hefyd – lwcus neu be?!

# 12

# Rifiera Gymreig

DECHREUODD 2010 YN dawel i Ail Symudiad gyda chwpwl o gigs yn y gorllewin a gofynnwyd i ni eto gan Dilwyn Llwyd i ymddangos yn y Morgan Lloyd. Ro'n ni wrth ein boddau cael gwahoddiad gan yr aelod yma o'r band Yucatan oedd yn neud jobyn ardderchog o gynnal gigs yng Nghaernarfon.

Y tro yma ro'n ni'n chwarae fel band o frodyr – Dafydd ar y gitâr ac Osian ar y drymiau: ie, fe oedd drymiwr rhif 11! Roedd Geraint Løvgreen a'r Enw Da yn chwarae hefyd ar y noson; roedd yn grêt gweld Geraint a'r hogie yn mynd trwy'r caneuon wrth iddo ofyn i'r gynulleidfa 'enwi'r gân'. Un o'n ffefrynnau i yw 'Yma Wyf Finnau i Fod', y geiriau gan Mei Mac. Mae'n fy atgoffa i o Aberteifi, pan o'n i yn fy arddegau hwyr ac yn dilyn ffasiwn y *smoothie* – fersiwn mwyn o'r *skinhead* oedd yn ffyddlon i Ben Sherman, *brogues* a'r *crombie*!

Cyn y gìg fe wnaethon ni gyfweliad i C2 Radio Cymru gyda Lisa Gwilym a Gareth Iwan, tua saith o'r gloch yn selar y Morgan Lloyd. Ar ôl sbel dywedodd Lisa fod gyda nhw rywbeth pwysig i'w ddweud wrthon ni. Beth oedd hyn? Oedd y fan wedi'i pharco ar *double yellows*? Pryd fyddwch chi'n cynnig peint i ni? A wedyn dywedodd y ddau ein bod wedi ennill gwobr 'Cyfraniad Arbennig' i roc a phop yng Nghymru! Roedd hynny'n sioc fawr, a dweud y lleia, ond yn anrhydedd, yn enwedig o gofio'r rhai oedd wedi ennill y wobr o'n blaenau ni fel Dafydd Iwan, Meic Stevens a David R Edwards.

Roedd yr ysbryd yn uchel wrth inni fynd trwy'r set y noson

honno ac roedd hi'n braf gweld cymaint wedi troi lan. Yn anffodus, dyna'r tro ola i ni chwarae yn y Morgan Lloyd a ddim sbel ar ôl hyn gorffennwyd neud gigs yno'n gyfan gwbwl.

Yn ôl yn Aberteifi roedd Fflach yn eitha prysur a CD ar y gweill gyda Chôr Tŷ Tawe, a recordiwyd mewn capel yng Nghaerfyrddin. Erbyn hyn roedd Lee Mason yn helpu ar yr ochr dechnegol, a Lee a finne aeth yno i recordio – fi oedd yn neud y te! Mae'n anodd cael person sydd yn gerddorol *ac* yn dechnegol ond mae Lee'n un o'r rheiny, ac ry'n ni'n ffodus iawn o'i wasanaeth gan ei fod yn mastro CDs hefyd, ac mae stiwdio ei hunan ganddo yn Nhrefdraeth.

Mae'r ddwy chwaer hoffus o Gwm Gwaun, Lilwen a Gwenda, yn recordio gyda ni, a daeth yr amser i recordio CD arall ganddyn nhw o'r enw *Dyma Ni!* – CD oedd hefyd yn dangos dawn y Parch. Huw George fel cyfansoddwr. Cafwyd noson lansio ym Mhlas Llwyngwair, ger Trefdraeth – lle poblogaidd iawn fel maes carafannau ac mae croeso mawr o hyd gan Roger a Marilyn Ennis a'u staff. Codwyd arian yn y miloedd ar gyfer Ymchwil Cancr ar y noson ac mae'r ddwy i'w llongyfarch yn fawr. Roedd Fflach yn ymfalchïo yn hyn hefyd, wrth gwrs. Wendy Lewis oedd yn cyfeilio ac mae Wendy'n fodlon ein helpu yn y stiwdio ar unrhyw adeg, ynghyd â Meleri Williams a chwaraeodd ar *hit* mwya Fflach erioed, sef y CD *Dau Gi Bach*! Mae Rhian Davies yn un arall sydd wedi neud gwaith ar y piano a'r allweddellau.

Mae Ysgol Gynradd Aberteifi wedi helpu sawl gwaith drwy ganu ar gasetiau a CDs hefyd – diolch iddyn nhw. Rhai ffyddlon eraill yw'r chwiorydd â'r lleisiau swynol Beti a Siân, sydd wedi canu ar sawl casét a CD, ac mae o hyd sbort gyda nhw!

## Galwadau ffôn rhyfedd

Un o'r pethau hyfryd o fod yn label yng Nghymru yw delio â nifer o bobol ddiddorol, talentog a chyfeillgar, sydd hefyd yn ein galluogi ni i deimlo bod ein hadnabyddiaeth ni'n eang iawn. Yn wir, mae nifer o'n hartistiaid wedi dod yn ffrindiau, fel y soniwyd o'r blaen. Mae rhai ymholiadau ffôn yn y swyddfa dros y blynyddoedd wedi bod yn ddoniol a *bizarre*, fel y fenyw ag acen Almaenig yn gofyn a o'n ni'n gwerthu CDs Madonna:

'Why not?!' dywedodd yn eitha siarp.

'Because we're an independent Welsh music company, not a regular record shop,' atebais yn gwrtais.

Yn y diwedd, gofynnais i ble roedd hi'n byw:

'St Dogmael's' oedd yr ateb!

'Then try Woolworths in town!' dywedais wrthi.

Daeth galwad un diwrnod gan ddyn o ogledd Lloegr o'r enw Peter Flach a ddywedodd ei fod yn cael e-byst di-ri yn holi am CDs Fflach. Chwarae teg, roedd yn gweld yr ochr ddoniol pan esboniais i ac fe wnaeth gyfeirio e-byst wedi'u sillafu'n anghywir aton ni. Dyna pam dwi'n pwysleisio wrth bobol ddi-Gymraeg bod dwy 'ff' yn Fflach.

Yr alwad sy'n hala fi i wenu bob tro yw pan dwi'n ateb y ffôn a dweud, 'Helô, Fflach' ac mae ambell un yn dweud yn syth, 'Oh, I can't speak Welsh!' a finne heb ddweud brawddeg yn Gymraeg!

## Anifeiliaid

Mae anifeiliaid a Fflach, ac yn wir Ail Symudiad, weithiau wedi mynd law yn llaw – yn enwedig cŵn! Hen ffrind sydd bellach ddim gyda ni yw Otto Garms ac roedd ganddo gi o'r enw Hans. Almaenwr oedd yn trwsio offer oedd Otto, ac yn gweithio yn Rockfield hefyd, ac roedd Hans yn ymwelydd cyson â'r gerddi o gwmpas Llys-y-Coed. Daeth pobol yn gyfarwydd â'i weld e, yn enwedig Huw Forster drws nesa. Mae Fflach wedi bod yn ffodus iawn o amynedd ein cymdogion!

Rhywbeth arall ddigwyddodd flynyddoedd yn ôl oedd bod Wyn, Derec Brown a finne'n 'cerdded lawr i'r dre' i gael cinio a jyst cyn cyrraedd y bont saethodd Labrador dros yr hewl ac fe gwympodd Derec a chael niwed i'w fraich. Ond doedd e ddim isie mynd i Casualty chwaith!

Mae cŵn Wyn wedi bod yn trotian i mewn i Fflach dros y blynyddoedd, yn enwedig Benson, y *dachshund* sydd dal byw ac a enwyd ar ôl sigaréts mae Dad yn eu smocio, oherwydd pan oedd e'n gi bach roedd e'r un lliw â'r pecyn!

## Cerddorion sesiwn

Mae rhestr hir o gerddorion sesiwn wedi ymweld â'r stiwdio hefyd – Hywel Maggs, Myfyr Isaac, Geraint Cynan, Henry Sears, Stephen Pilkington, Dafydd Saer, Dave Preece, Chris Lewis ac yn fwy diweddar Caradog Rhys Williams, Nikki Thomas a Lee Mason. Mae Wyn wedi chwarae bas ar nifer fawr o CDs a chasetiau hefyd.

Daeth Andrew Powell (cynhyrchydd 'Wuthering Heights' Kate Bush) aton ni i chwarae allweddellau ar CD sengl Ail Symudiad ac arno'r caneuon 'Grwfi Grwfi' ac 'Ynys Prydferthwch' ac roedd yn hyfryd gweithio gydag e. Yn sgil hyn daeth gwahoddiad i ymddangos ar y rhaglen *Nodyn* ac aethon ni i gael ein ffilmio yn nhop neuadd y farchnad yn Aberteifi. Roedd criw eitha mawr gyda chwmni teledu Boomerang a nifer o bobol y dre yn edrych yn eitha syn wrth i'r recordio ddechrau. Profiad od a swreal oedd canu gyda phobol mewn a mas yn prynu pysgod, gwlân a llyfrau aillaw. Saethodd un dyn heibio i ni ar ei *mobility scooter*! Fe wnaethon ni gyfweliad wedyn gydag Elin Fflur a chael cinio gyda'r criw yng Nghaffi'r Castell.

*Geiriau yn y Niwl* oedd CD newydd Dewi Pws yr adeg hyn, a gynhyrchwyd gan Wyn, a Hefin Elis yn neud trefniannau a chwarae allweddellau. Roedd nifer o ganeuon bendigedig ar hon – un ohonyn nhw oedd y gân deyrnged i Tich Gwilym â'r teitl syml 'Tich'. Mae wastad yn bleser gweld Dewi'n dod i Fflach, i neud te, bwyta bisgedi ac ateb y ffôn ambell waith! 'Y sw' mae e'n galw'r lle ar adegau. Duw a ŵyr pam! Efallai achos bod Einir Dafydd wedi recordio CD newydd i blant i ni o'r enw *Ar y Fferm*! I fod yn ddifrifol, mae calon fawr gan Dewi ac ry'n ni'n falch iawn o'i gael e ar y label – jôcs *and all*!

Daeth CD newydd gan fflach:tradd hefyd, sef recordiad ar y cyd gan Llio Rhydderch o Sir Fôn a'r trwmpedwr dawnus Tomos Williams o'r enw *Carn Ingli – 'Hud ar Ddyfed'*, yn cynnwys darnau roedd Llio, Tomos Williams a Mark O'Connor wedi'u cyfansoddi. Cafodd yr ôl-gynhyrchu ei neud gan Ceri Rhys Matthews a Jens Shroeder yn Studio Dreamworld, rhwng Hwlffordd ac Abergwaun. Yng ngeiriau Jon Gower: 'alawon prydferth a chymhleth, anadl a chyffyrddiad yn plethu'n un wrth i Llio, sy'n perthyn i linach hir o delynorion, uno â Tomos Williams y trympedwr a'i ddylanwadau mwy diweddar. Ar ambell drac daw'r drymiwr Mark O'Connor i uno â nhw, gan greu cefndir atmosfferig, cynnil.' Gwaith yr artist dawnus Iwan Dafis oedd y clawr.

Syniad Tudur Morgan oedd *Wrth y Llyw*. Geraint Lloyd a chlwb Bois y Loris oedd y symbyliad i'r CD yma ac ro'n ni'n ffodus i gael Tony ac Aloma ar y casgliad ynghyd â Wil Tân, Martin Beattie, Laura Sutton, Alistair James, Tudur Huws Jones a Tudur Morgan ei hun.

### Cysylltiad ag Elton John!

Ro'n i wedi galw ar wasanaeth Andrew Powell eto i helpu cynhyrchu CD newydd Robin Lyn, y tenor ardderchog a diymhongar o Bontrhydygroes, Ceredigion. Hwn oedd ei CD cynta, er ei fod wedi recordio o'r blaen fel un o'r Tri Tenor, ac roedd yn un cofiadwy.

Fe wnaeth Wyn ddarganfod rywsut fod Del Newman – y dyn a drefnodd *Goodbye Yellow Brick Road* Elton John – yn byw yn lleol! Felly, gofynnodd iddo a fydde fe'n fodlon dod i weithio ar un o ganeuon Robyn, ac fe gytunodd. Roedd yn drylwyr a phroffesiynol iawn a hawdd gweld sut cafodd y fath lwyddiant – o Galiffornia i Genarth! Mae Angharad Brinn yn ymuno â Robyn ar 'Y Weddi', yr unig ddeuawd ar yr albwm, ac mae'n fendigedig. Daeth CD newydd gan y Tri Tenor, *Serenâd*, allan hefyd yn dilyn llwyddiant mawr eu recordiad cynta, gyda nifer o ganeuon poblogaidd fel 'Rhyfeddod Wyt Ti' ac 'Annie's Song'. Y cyfeilyddion oedd Eirwen Hughes a Gareth Wyn Thomas.

Artist arall a groesawyd i'r label oedd Martin Beattie – y canwr â'r llais unigryw o Fethesda. Cynhyrchwyd y record hon gan Gwyn Jones yn Stiwdio Recordio Bos ac ro'n ni'n hapus iawn gyda'r canlyniad. Mae Gwyn a'i frawd Siôn yn hen ffrindiau, ers dyddiau cynnar Maffia Mr Huws, ac o'r stiwdio honno y daw recordiau hyfryd Siân James, wrth gwrs.

Yn Aberteifi ffilmiwyd Ail Symudiad yn perfformio 'Trip i Llandoch' yn acwstig ger afon Teifi, jyst ar bwys bwyty Indiaidd y Shampan, sydd wedi ei leoli ar hen gwch. Terwyn Davies a chriw Telesgop oedd yn neud yr eitem ar gyfer rhaglen am Sadwrn Barlys Aberteifi. Doedd y 'Llwybr Llygoden' ddim gerllaw ond ro'n i'n gallu gweld y Mwldan a'r bont! Cawson ni lot o sbort y diwrnod hynny wrth orfod aros i ambell berson basio ar y ffordd lan i'r dre neu rai'n gofyn beth oedd mlân gyda ni. Dechreuodd rhywun ddefnyddio *chainsaw* swnllyd ochr draw'r afon. Mae dŵr yn cario sŵn, wrth gwrs, a gan ein bod ni'n canu'n fyw, ac yn acwstig, roedd yn rhaid aros am sbel fawr ambell waith, a wedyn bydde'r peth yn tanio ar linell gynta'r gân!

## Mwy o gigio

Gŵyl 'Nôl a Mla'n yn Llangrannog oedd y digwyddiad nesa ar yr agenda – un o'r gigs gorau i ni neud ers adfywio Ail Symudiad. Roedd mewn lleoliad bendigedig, wedi ei drefnu'n dda, gydag amrywiaeth ar y lein-yp a Gai Toms i gloi'r noson. Roedd hen ffrind, Dylan Williams, Theatr Felinfach, ar y PA yn ei grys pêl-droed Ariannin – gan fod Cwpan y Byd yn digwydd, a rhag ofn bydde Ariannin yn chwarae Lloegr! Anodd fydde darganfod lle mwy prydferth i gael gìg awyr agored – ro'n ni'n gweld y môr o'r llwyfan!

Cynyddu roedd gigs Ail Symudiad a daeth cais i ni chwarae ym Maes C Eisteddfod Blaenau Gwent – yn eironig, dyna'r tro ola i ni gael stondin Fflach ar y Maes. Roedd Maes C mewn man hyfryd, mewn parc y tu allan i Lynebwy. Braint fel arfer oedd rhannu llwyfan gyda Geraint Løvgreen a'r Enw Da, o flaen torf o tua 250, gyda Disgo Aled Wyn yn taranu dros y lle!

Cafodd Ail Symudiad wahoddiad i Chwilgig yn Chwilog hefyd y flwyddyn hon, ac roedd Tecwyn Ifan, Gwibdaith Hen Frân a Dafydd Iwan yn chwarae ar yr un noson. Braf oedd gweld Tecs unwaith eto, ac yntau wedi gadael ardal y Preselau i fyw yn y gogledd-ddwyrain. Roedd y gìg yn dod ag atgofion 'nôl o fynd i Ben Llŷn yn yr 80au i Sarn Mellteyrn a chael ymateb da iawn. Cafwyd ymateb eitha ffafriol y noson yma hefyd, a ffilmiwyd gan Gwmni Da – cawson ni sgwrs ddifyr am Glwb Pêl-droed Wrecsam gyda Morgan Jones, oedd yn cyflwyno gydag Elin Fflur.

Ar ddiwedd yr haf penderfynwyd recordio mwy o ganeuon, i'w rhoi ar albwm y tro hwn, gan gynnwys y ddwy gân o'r sengl, 'Grwfi Grwfi' ac 'Ynys Prydferthwch'. Hwn fydde'r albwm o ganeuon gwreiddiol cynta ers *Ddy Mwfi* ym 1993 ac roedd llawer o waith i'w neud er mwyn ei ryddhau erbyn y Nadolig. Mae Wyn wastad yn *strict* gyda fi yn y stiwdio oherwydd sdim llawer o amynedd gyda fi i ailganu *vocals*. 'C'mon! Ti am e mewn tiwn?!' mae'n aml yn dweud. Ar ôl rhoi'r pethau sylfaenol i lawr daeth Hywel Maggs i chwarae mwy o gitâr ar y traciau, a hefyd Caradog Rhys Williams ar allweddellau ac *ukulele*. Gwnaeth Lowri Evans, Einir Dafydd, Gerallt Dafydd ac Osian y lleisiau cefndir hefyd. Buon ni'n ffodus i gael y cerddor cyfeillgar Edwin Humphreys i chwarae offer pres a chlarinét. Cymysgwyd y CD gan Lee Mason a gwnaed y mastro gan Jon Turner.

Galwyd y CD yn *Rifiera Gymreig*, ar ôl un o'r caneuon. Mae'n sôn am lefydd yn y dre a'r ardal ac mae mewn tafodiaith, felly mwynhewch, os gwelwch yn dda!

Mynd lawr dre, mynd lawr heddi,
Dim isie aros tan yfory,
Mynd lawr rhiw, mynd mewn hast,
Bydde aros adre yn wast.
Ma'r teid yn dod mewn a'r pysgod yn dod
Lan yr afon heibio'r co'd,
Mynd am dro i Piggy Lane,
Yn Cardigan Arms ma'r chips yn ffein.

Dewch lawr i'r Rifiera heddi,
Dewch lawr i'r Rifiera Gymreig.

Draw i Poppit, heibio'r Ferry,
Ma'r houl yn dod mas dros y Teifi,
Ar y tra'th, cŵn yn cwmpo mas,
Ma'r chihuahua yn hynod o gas.
I Tydrath awn ganol prynhawn,
Ar y Parrog mae'n brydferth iawn,
Acenion o bob lliw a llun:
"O! Julian where have you been?!"

Dewch lawr i'r Rifiera....

'Nol i'r dre mae nawr yn nos,
Yn y Grosvenor rwy'n teimlo'n jycôs,
Wedyn Abdul's, mae e'n lyfli,
Onion bhajis, wedyn y balti,
Cwch o Iwerddon ar y cei,
Fflag y tri lliw, hip hip hwrê,
Ceir o'r Almaen a'r Iseldiroedd,
Hoffen aros yma'n oes oesoedd.

Dewch lawr i'r Rifiera...

Felly, ar ôl gorffen popeth, fel band o'r gorllewin cafwyd
noson i lansio'r CD yng Nghaernarfon, yn naturiol! Ro'n
ni'n teimlo y bydde'n braf mynd yna eto ond, y tro yma,

yng Nghlwb Canol Dre oedd y digwyddiad. Cafwyd noson fendigedig unwaith eto ac yna, yn draddodiadol, galw ym Machynlleth ar y ffordd adre – heb redeg mas o betrol y tro yma!

## Dal i fynd

Yn 2010 daeth newid i Fflach wrth i doriadau PRS ddechrau effeithio ar y cwmni ac un o'r canlyniadau oedd peidio neud gymaint o recordio. Ac, wrth gwrs, roedd marchnata nwyddau'n fwy anodd, er enghraifft mynd i'r ddwy Eisteddfod a'r Sioe. Gyda Wyn a finne, mae 'na ddau gyfarwyddwr arall sef Granville a Kevin a rhaid i ni ddiolch o waelod calon iddyn nhw. Mae'r ddau wedi'n helpu ni yn hollol wirfoddol ers dros bum mlynedd ar hugain ac wedi bod yn ffrindiau da. Roedd hi'n anodd cadw Fflach i fynd ond parhau oedd y penderfyniad.

Parhau hefyd wnaeth Ail Symudiad (er gwaetha pawb a phopeth!) gydag ambell gìg yn y de a'r gorllewin yn benna. Un gìg sy'n sefyll mas yr adeg hyn oedd un yn y Duke of Clarence yng Nghaerdydd trwy garedigrwydd pobol weithgar Clwb y Diwc, a gweld rhai do'n i ddim wedi'u gweld ers blynyddoedd mawr. Mwynhau mas draw yn y brifddinas a'r bonws o gael McDonald's yn Cross Hands neu Gaerfyrddin ar y ffordd adre – oes, mae 'na ddewis!

I recordio yn Fflach yn 2011 daeth Galwad y Mynydd, grŵp o Gaerfyrddin a ffurfiwyd yn y 70au cynnar. Yr aelodau yw Derec Brown, Alwyn ac Eifion Daniels a Mike Harries. Y disg yma oedd y cynta iddyn nhw ers deugain mlynedd ac mae'r CD yn ddathliad o hyn. Mae'r ffaith fod Cate Le Bon yn canu un o ganeuon y band yn profi bod eu cerddoriaeth werin/seicadelig yn ffasiynol iawn heddiw ac mae 'Buwch yn Cysgu' yng nghanol yr hewl o hyd!

Cafodd Fflach wedyn sgŵp, trwy groesawu'r canwr gwlad poblogaidd Wil Tân i neud ei CD cynta i ni, ac ro'n ni'n ddiolchgar iawn i Tudur Morgan am 'arwyddo' Wil i'r label.

Enw'r CD oedd *Gwlith y Mynydd* ac roedd nifer o ganeuon da arno, fel 'Llandegfan' a 'Connemara Express'. Roedd gwerthiant arbennig i ddilyn.

Tudur hefyd oedd yn gyfrifol am roi goreuon Bryn Chamberlin at ei gilydd. Roedd y CD yn cynnwys y gân 'Cae yn Llawn o Flodau' am drychineb Hillsborough a'r 96 o ffans Lerpwl a gollodd eu bywydau. Mae'r fersiwn Saesneg, 'Field of Flowers', ar y CD hefyd – Ieuan Rhys ysgrifennodd y geiriau, a finne'r dôn, a hefyd y cyfieithiad Saesneg. Mae 'Field of Flowers' ar iTunes a'r arian yn mynd i gronfa Hillsborough. Mae Bryn yn un arall sy'n *underrated* yn ein barn ni; mae ganddo lais baled/roc arbennig ac wrth chwarae ei gasetiau, yn enwedig yn y Sioe, roedd nifer yn cael eu synnu gan y llais ac yn stopio a gofyn pwy oedd yn canu. Mae Wyn a finne wedi cael y pleser o aros gydag e a'i wraig Connie yn Llandudno. Yn anffodus, mae e fwy neu lai wedi ymddeol o ganu ond mae'n dal i neud ambell gìg.

## Ysbryd Dylan

Daeth prosiect diddorol i'n rhan ni unwaith eto, trwy gydweithio ag Iconau Books o Gaerfyrddin ar lyfr gan ein ffrind o Iwerddon, Jackie Hayden, o'r enw *A Map of Love – Around Wales with Dylan Thomas*. Mae Jackie'n ffan mawr o Dylan a chafodd y syniad o ryddhau llyfr am ei brofiad o lefydd yng Nghymru a thu hwnt oedd yn annwyl i Dylan. Felly, daeth draw sawl gwaith er mwyn mynd i'r gwahanol lefydd fel Talacharn, Cei Newydd ac Abertawe, a Wyn a fi'n gwmni iddo. Ry'n ni'n ddiolchgar i Dominic Williams o Iconau am ei weledigaeth ynglŷn â'r llyfr a'i barodrwydd i'w ryddhau. Mae'r llyfr ar gael trwy Fflach yn unig ac mae hefyd ar gael fel e-lyfr.

Penderfynodd Fflach, Iconau a Jackie roi CD yng nghefn y llyfr gyda sgript roedd Jackie wedi'i pharatoi a gofynnwyd i Jim Parc Nest ei darllen a neud hynny yn hen gartre Dylan yn 5, Cwmdonkin Drive, Abertawe trwy ganiatâd caredig y perchnogion. Roedd yn brofiad rhyfedd recordio yn y stafell lle cafodd Dylan ei eni, ond aeth y diwrnod yn dda, ac roedd y tŷ, â'r dodrefn ac ati o gyfnod y 20au a'r 30au, yn rhyfeddol.

Y peth nesa i'w neud oedd lansio'r llyfr a hynny yn y Wexford Arts Centre, Iwerddon ac yna yn Nhalacharn. Trefnwyd popeth yn ardderchog gan Dominic ac ymunodd y cerddor Caradog Rhys Williams â ni – fe oedd yn chwarae'r ffidil rhwng y straeon ar y CD. Aeth y lansiad yn dda yn Iwerddon gyda tua chant o bobol yn bresennol, gan gynnwys y wasg leol. Siaradodd Jackie ac adroddodd Jim o'r sgript, a chwaraeodd Caradog donau traddodiadol o Gymru a Tanya Murphy yn perfformio tonau o Iwerddon. Roedd Lucy Caldwell, cyn-enillydd Gwobr Dylan Thomas o Ogledd Iwerddon, yn siarad hefyd.

Aeth y criw i gyd y diwrnod wedyn i Dalacharn ar gyfer y lansiad Cymreig. Yr un fformat oedd i'r noson, ac roedd nifer teilwng yno hefyd, gan gynnwys Ann Haden o 5, Cwmdonkin Drive; Jeff Towns, perchennog siop lyfrau yn Abertawe ac arbenigwr ar Dylan; a gŵr a gwraig o New England oedd ar eu gwyliau yn 5, Cwmdonkin Drive – sydd ar gael i'w logi ar gyfer gwyliau. Roedd y digwyddiad yn cael ei gynnal y tu allan i'r Boathouse, ac yn ffodus roedd hi'n noson braf o Fai, a therfynwyd y noson mewn tafarn yn y dre. Tybed oedd ysbryd Dylan o gwmpas ac yn ymfalchïo yn y sgyrsiau difyr oedd i'w clywed?!

Ar ddiwedd 2011 daeth CD arall gan y côr lleol Ar Ôl Tri. *Llanw a Thrai (Yr Hanes mewn Gair a Chân)* oedd teitl y CD ac mae'n gasgliad o'u goreuon. Mae'r côr wedi bodoli ers chwarter canrif ac maen nhw wedi ennill yn yr Eisteddfod nifer fawr o weithiau. Maen nhw wedi canu hefyd mewn sawl oedfa a chyngerdd dros y blynyddoedd gan helpu sawl elusen – maen nhw hyd yn oed wedi canu ar ddec y Stena ar y ffordd i Iwerddon! Mae Ceri Wyn Jones wedi addasu a chyfieithu sawl cân, ac mae'n aelod o'r côr, felly hefyd y tenor dawnus

Trystan Llŷr Griffiths. Torrwyd record bersonol Wyn y Vet yn swyddfa Fflach ym mis Mawrth 2012 – ac roedd y tensiwn yn amlwg – wrth iddo gael *pedair* dished o de!

Yn 2012 daeth CD cynta Rasp ers tipyn gydag Einir Dafydd yn rhyddhau *Ewn Ni Nôl*, EP arall, a Ceri Wyn yn ysgrifennu mwy o eiriau diddorol i alawon Einir. Roedd hon yn dangos datblygiad Einir fel cyfansoddwraig hefyd. Roedd 'Pen-Y-Bryn' yn berthnasol i Wyn a finne oherwydd ym mhentre Penybryn, jyst tu fas i Aberteifi, y magwyd ein tad-cu, yr adeiladydd W J Lewis.

Erbyn hyn ro'n i'n delio tipyn gyda'r Sefydliad Cerddoriaeth Gymreig (Welsh Music Foundation) yng Nghaerdydd, lle mae criw cyfeillgar a gweithgar yn gweithio. Hefin Jones sy'n gofalu am yr ochr Gymraeg ac mae e wedi bod o gymorth mawr i ni. Ry'n ni'n cyfrannu at ei gylchlythyr yn rheolaidd, sy'n ein galluogi i sôn am y tri label yn gyson. Ry'n ni wedi ei groesawu trwy ddrysau Fflach ac mae ganddo ddiddordeb mawr yn ein Custard Creams! Mae ei frwdfrydedd am y sîn gerddoriaeth yng Nghymru i'w ganmol yn fawr ac ry'n ni'n cael ambell sgwrs ddifyr am bêl-droed hefyd!

## Gig 50

Pan ddaeth y newyddion fod Ail Symudiad yn cael gwahoddiad i ddathlu pen-blwydd Cymdeithas yr Iaith yn hanner cant – 'Gìg 50' – roedd hi'n anrhydedd fawr. Felly, rhaid oedd mynd ati i ymarfer. Gofynnwyd i Geraint Cynan ymuno â ni ar yr allweddellau ac Einir Dafydd i ganu llais cefndir ar y noson, oedd yn cael ei ffilmio, a chawsom sgwrs hefyd gyda Richard Rees cyn i ni fynd ar y llwyfan.

Aeth y noson yn grêt, heblaw am y diwedd! Roedd ein ffrind Owain 'Shwldimwl' wedi mynd â'r offer yn ei fan, ond wrth gyrraedd adre i Flaenffos darganfuwyd fod y symbalau ddim gyda ni (rhai gwerth dros dri chan punt!). Ond, chwarae teg i Owain, dywedodd ar unwaith y dylen ni fynd 'nôl i Bont

– hanner cant o filltiroedd o'r rhan yma o Sir Benfro – am 1.30 y bore!

Wrth inni gyrraedd Bont roedd popeth bron wedi cael ei bacio, doedd dim llawer o bobol o gwmpas, pob band wedi mynd, a dim sôn am y symbalau, nes bod un o'r bois diogelwch yn eu gweld yng nghornel y neuadd fawr! Diolchwyd o galon iddo ac i Owain wrth gwrs a gyrhaeddon ni adre jyst wedi 3.30! Diwrnod arall diddorol yn hanes AS a chinio dydd Sul i'w baratoi ar ôl dod adre!

O Bont i dafarn yr Eagle yn Aberteifi wedyn, ger yr afon. Roedd Ail Symudiad wedi dechrau neud gigs yno ac roedd croeso mawr gan Peter ac Ann. Er ei bod yn dafarn fach roedd y gigs yn llwyddiannus. Penderfynodd Wyn a finne drefnu nosweithiau yno ac erbyn hyn mae Neil Rosser a'r Band, Triawd Geraint Løvgreen ac Einir Dafydd wedi ymddangos yn yr Eagle.

Sdim byd tebyg i fois gartre i gadw'ch traed ar y ddaear. Un noson, cyn chwarae, daeth un o fois Llandoch i siarad â fi ac yntau wedi cael un, neu saith, yn ormod:

'Ma caneuon eitha *good* 'da chi... ond ma honna am y Mwldan yn crap. Ma honna am Llandoch yn iawn ond canu am afon Mwldan... *not on*, achan!'

O Aberteifi i Forgannwg, a'r Eisteddfod ger y Bont-faen, i chwarae mewn gìg Maes C gyda Tecwyn Ifan a Huw Chiswell. Daeth dau gefnder i ni a'u teuluoedd o Ben-y-bont ar Ogwr i'n gweld ni, Fraser a Brendan, a nhwythau mewn band o'r enw y Sker Krows – sydd hefyd wedi bod yn yr Eagle!

Yn ystod gweddill y flwyddyn roedd gwaith yn mynd yn ei flaen ar ail albwm Wil Tân i Fflach, *Llanw ar Draeth*, a dewisodd Tudur Morgan fwy neu lai yr un cerddorion â'r CD blaenorol a recordio eto gyda Simon Gardner yn Stiwdio Rockcliffe, Llandudno. Ymysg y caneuon y tro yma roedd 'Gwenno Penygelli', 'Llanc Ifanc o Lŷn' a'r clasur Gwyddelig 'Fields of Athenry' ac roedd y sglein cynhyrchu arferol ar y disg, a llais Wil ar ei orau.

'Llwybrau Llonydd' oedd teitl cân Eisteddfod Genedlaethol yr Urdd Sir Benfro 2013 ac yn 2012, rhyw flwyddyn cyn y steddfod, paratowyd CD-EP i'r Urdd yn lleol gyda thalentau ifanc y sir – a hyfryd oedd gweithio gyda'r artistiaid ifanc dawnus yma. Un o feirdd yr ardal, Eifion Daniels, ysgrifennodd y geiriau, a finne gyfansoddodd y dôn.

Roedd pethau'n poethi yn Fflach wrth i Hefin Elis fynd ati i gynhyrchu'n gelfydd CD newydd Dewi Pws *Ma Popeth yn Dda* gyda chymorth y cerddorion Dafydd Saer, Osian Jones, Catrin Davies, Beti James a Dewi ei hun. Jon Turner oedd yn golygu a pheiriannu y CD a hwn fydde'r CD ola iddo i Fflach, er mawr tristwch i ni – roedd yn ddyn hynod o dalentog a chyfeillgar. Roedd tipyn o alw am hwn a chafwyd clawr deniadol gan Charli Britton.

Trefnwyd lansiad yng Nghaffi'r Emlyn, Tan-y-groes a rhaid cydnabod ein diolch i Tinopolis a'r rhaglenni *Wedi 7* a *Heno* am eu parodrwydd i roi cyhoeddusrwydd i'n cynyrchiadau dros y blynyddoedd a dod i Fflach i neud cyfweliadau. Mae croeso bob tro i'r stiwdio yn Llanelli i Ail Symudiad a'r artistiaid ar y label – ac mae cantîn neis 'na hefyd! Mae wedi bod yn bleser hefyd dros y blynyddoedd cael pobol o Radio Cymru/C2 i Tenby Road, fel Richard Rees a Huw Stephens.

> Ges i'r pleser o gyfweld â Rich a Wyn ar gyfer y rhaglen *Rhiniog* ar BBC Radio Cymru. Roedd gwario diwrnod yn eu cwmni, yn y stiwdio yn Aberteifi, yn dipyn o brofiad ac yn bleser llwyr. Mae eu sgwrsio, eu hanes a'u hegni yn heintus. Rwy'n ffan o'r caneuon, ac mae casgliadau Ail Symudiad yn dod â'r goreuon at ei gilydd yn wych.
>
> Huw Stephens

## Ar yr hewl eto

Roedd Ail Symudiad ar yr hewl eto cyn diwedd 2012 gyda chynnig i neud sesiwn a sgwrs i raglen Idris Morris Jones, *Sesiwn Fach*, ym Mangor. Erbyn hyn roedd ein disg diweddara

mas, yr EP *Anturiaethau y Renby Toads*, a buon ni'n chwarae
yn acwstig y noson cyn y sesiwn yn Noson Pedwar a Chwech
yng Nghlwb Canol Dre, Caernarfon, gyda Robat Gruffudd yn
adrodd ei farddoniaeth mewn ffordd ddifyr iawn!

Roedd Osian wedi ysgrifennu'r gerddoriaeth i un o
ganeuon *Renby Toads* sef 'Lawr o'r Nen' ac yn ymuno â ni
ar yr EP roedd Geraint Cynan, allweddellau; Raul Speek, yr
artist o Solfach yn canu cytgan ar 'Cer Lionel!'; a Nik Turner
ar y sacsoffon. Dafydd wnaeth y gwaith celf, a'r mastro
gan Lee Mason, oedd hefyd yn chwarae gitâr ar 'Can y Dre'
ynghyd â John Honour, oedd yn chwarae drymiau ar y trac
yma. Cafodd 'Cân y Dre' ei chyfansoddi'n arbennig gan Ceri
Wyn Jones a finne ar gyfer y rhaglen *Yma Wyf Finnau i Fod*
ar Radio Cymru. Mae Lee a John yn chwarae gyda ni o bryd
i'w gilydd (gan fod Dafydd ac Osian yn methu neud pob gìg)
ac ry'n ni'n falch o'u cael nhw yn rhan o'r sgwad – mae Jason
Lye-Phillips wedi cytuno ymuno â'r garfan hefyd ar gitâr!
Wrth sôn am y band rhaid nodi tri chwpwl sydd wedi ein
dilyn i bob man dros y blynyddoedd – Phil a Janet o Cross
Hands; Dilwyn a Llinos o Aberystwyth a Trev a Sharon, sy'n
dod i lawr o Lundain i rai o'n gigs.

Er bod llawer o hapusrwydd yn perthyn i Fflach mae yna
rai ffrindiau sydd, yn anffodus, ddim gyda ni bellach: Ray
Gravell, un oedd o hyd yn gefnogol i Ail Symudiad a Fflach;
Wyn Jones, neu Wyn 'Rocyn' fel roedd yn cael ei adnabod,
bachgen trylwyr a ffyddlon wrth ei waith fel peiriannydd gyda
ni; Jon Turner, y cynhyrchydd dawnus oedd â stiwdio ei hun,
ac yn ysgrifennu cerddoriaeth i ddramâu cerdd yn y dre; Clive
Pater, hen ffrind annwyl oedd yn *roadie* gyda Ail Symudiad;
ac, fel y soniwyd o'r blaen, Steve Hamill, dylunydd artistig
iawn i nifer fawr o'n CDs a'n casetiau. O blith grwpiau fflach:
tradd collwyd y gantores Ffion Haf, Pigyn Clust, a'i llais pur
a'i phersonoliaeth hyfryd. Byddan nhw'n aros yn y cof am
byth.

I droi at fflach:tradd, cwrddodd Wyn a finne ag Angharad

Jenkins o Calan mewn seminar yn Abertawe a gofynnodd hi a fydde diddordeb gyda ni i glywed caneuon ganddi hi a'i mam, Delyth. Cytunwyd i DnA anfon pecyn demo i ni ac y byddem yn gwrando ar y traciau – Delyth ar y delyn ac Angharad ar ffidil. Roedd pethau'n dawel i fflach:tradd ar y pryd, felly bydde'n dda clywed deuawd newydd.

Ar ôl ychydig daeth y disg a'r wybodaeth trwy'r post a phenderfynwyd yn weddol sydyn taw nhw fydde nesa i ni eu recordio ar y label. Cafodd y CD ei recordio ym Mhlas Rhosygilwen yn hydref 2012 a gwanwyn 2013 a chynhyrchwyd y record gan DnA a Lee Mason. Bu DnA a Fflach yn ffodus pan gytunodd Lleuwen Steffan ganu ar un o'r caneuon sef 'Y Glomen'. Mae'r CD yn asiad llwyddiannus o'r traddodiadol a'r arloesol a chafwyd canmoliaeth gan Cerys Matthews.

Ry'n ni'n ffodus iawn fod Angharad bellach yn gweithio'n rhan-amser i fflach:tradd. Mae'n ferch gyfeillgar, ei chariad at ganu gwerin Cymraeg a'i diddordeb yn y maes yn heintus ac mae'n ein helpu ni i ddatblygu syniadau a marchnata'r label. Derbyniwyd nawdd gan Gyngor Celfyddydau Cymru ac mae hynny'n golygu y gallwn hybu a threfnu cyngherddau i'n hartistiaid, a chwilio am dalent newydd hefyd. Un o'r digwyddiadau lle bues i'n cynrychioli fflach:tradd oedd WOMEX yng Nghaerdydd. Cwrddais â nifer o bobol ddiddorol gan gynnwys gŵr o Mumbai oedd yn chwilio am gerddoriaeth draddodiadol i Bollywood.

I droi at Fflach, ysgrifennodd Rhiannon Roberts a Dewi Pws lyfr i blant o'r enw *Parri'r Pobydd* a chafwyd y syniad o adrodd y stori ar CD a chanu ambell gân am deithiau'r pobydd. Gomer fu'n gyfrifol am y llyfr deniadol a daeth y llyfr a'r CD mas tua'r un amser. Pleser oedd cydweithio gyda Sioned yn Gomer ar y prosiect yma.

O flaen Stiwdio'r Bwthyn, Cwmgiedd yn ystod recordio'r sengl 'Geiriau'. Chwith i'r dde: Richard Morris, ei blentyn a'i wraig; Robin, Rhodri, Eurof, Kevin, Wyn, Richard.

Richard yn recordio'r gitâr ar gyfer 'Geiriau'.

Robert, Richard a Wyn yn stiwdio gynta Fflach yn festri Tabernacl, 1984.

Gareth wrth y meic yn ystod prawf sain yn Neuadd y Ddraig Goch, Dre-fach Felindre.

Richard Morris, cynhyrchydd, ac Eryl, peiriannydd cwmni Recordiau Sain yn ystod recordio'r LP *Sefyll ar y Sgwâr.*

Un o gigs gwyllt UMCA, gyda chymorth Hedydd fel llais cefndir.

Wyn yn gweithio'r cordiau mas yn ystod recordio'r gân 'Sefyll ar y Sgwâr'.

Richard a Huw Eurig ar lwyfan Blaendyffryn…

… a Wyn ac Alun Harris ar noson ola Trwynau Coch.

Ail Symudiad yn ymlacio ar ôl gìg – ac yn osgoi cario 'bocs' Malcolm! 'Run peth i ti, Graham Bowen!

Simon Tassano, cyd-gynhyrchydd 'Twristiaid yn y Dre' wrth y ddesg.

Carlo, ci Graham Bowen a ddylanwadodd ar y gân 'Dilyn y Sebon'!

Wyn, Robert a Richard ar goll ger Ffostrasol!

## NOSON YMFFLAMYCHOL

### yn y GANOLFAN HAMDDEN, ABERTAWE

### NOS SUL, AWST 1af, 1982

**PARTI gyda**

## Ail Symudiad
## Derec Brown a'r Racaracwyr
## a Disgo

8—12

**Tocyn £2.80 yn cynnwys Sgarff Ail Symudiad**

Recordiau Fflach, Goginan,
Heol Dinbych-y-Pysgod, Aberteifi

Y gig pan roddwyd sgarff Ail Symudiad am ddim gyda'r pris mynediad.

Sgarff Ail Symudiad– gydag un Clash, Showaddywaddy a Kiss! – yn llyfryn y cwmni memorabilia.

Montage Malcolm sydd ar glawr CD *Yr Oes Ail*.

Wyn tu fas i stiwdios Abbey Road ar ôl mastro un o recordiau Fflach.

Yr *invoice* o stiwdio enwog y Beatles.

Un o gigs y 1990au cynnar yng Nghlwb Ifor Bach, gyda Paul Pridmore o Hwlffordd ar y drymiau.

Kevin Davies ar y dde, un o gyfarwyddwyr Fflach gyda Siôn Williams ar stondin Fflach yn Eisteddfod yr Wyddgrug 1991, pan aeth Wyn ar goll yn Spaghetti Junction Birmingham!

Llun blaen y casét a'r tri 'joci': Morgan Hopkins, Richard a Morys Gruffydd.

## CYMRY AM DDIWRNOD

CHWIFIO GYDA BALCHDER MAE Y DDRAIG
ER FOD MIS MAWRTH ~~YN DECHRAU~~ YN AGOSHAU
PRYD HYNNY FYDD Y CYMRY AM DDIWRNOD
YN ESGUS BOD YN FFYDDLON BANERI AR Y TAI
A BYDD CANU MAWR ~~MAWR~~ YN NEUADD Y DRE
NOSON GYMRAEG A DIM BYD O'I LE
CADW'R CENNIN HYD AMSER TE
*COFIWCH A'Y DYDDIAD
DOES DIM GWAHANIAD YN AWR
COFIWCH ~~FOT~~ Y ~~DDOD~~ TEIMLAD
PEIDIWCH GADAEL GWALIA LAWR

CALONNAU YN NEWID AM Y DYDD
COCH A GWYN YN CERDDED I LAWR Y STRYD
GWAEDDU AM EU GWLAD MAE PAWB YN UN
~~~~ ENNILL Y FFWYDR COLLI Y TIR
EMYNAU'N LLENWI'R AWYR AM Y TRO
ENWOGION YN DILYN*LLWYBRAU NÔL
*GWNEUD Y PETHAU ANGENRHEIDIOL
* COFIWCH AM Y DYDDIAD

Geiriau 'Cymry am Ddiwrnod' wedi eu hysgrifennu mas am y tro cynta.

## LLEISIAU O'R GORFFENNOL

MAE POPETH YN GLIR OES DEWIS NAWR I NI
O'R ESBONIADAU WRTH Y MIL
BLE MAE Y RHYDDID SY'N EDRYCH MOR BELL
RWY'N YSBRYD AFLONYDD SY'N GWELD DYDDIAU GWELL
RWY WEDI DECHRAU'N NHAITH ERS AMSER MAITH
AC MAE'R NEGES YN BLAEN A'R FFEITHIAU YN NOETH
PRYD GAWN NI SYMUD YMLAEN O FAN HYN
I RHYW FATH O HARDDWCH HEB SYNIADAU LLYM

*RWY'N CADW DOD YN ÔL
I WRANDO AR RHAI FFOL
MAE ADRODDIADAU DOETH -LAWER GWAITH
YN AROS YN Y COF -LLEISIAU O'R GORFFENNOL

TRO AR OL TRO RWY'N CRWYDRO YN Y NOS
AC O HYD RWY'N MEDDWL FOD RHYWBETH AR GOLL
MAE GORMOD YN SIARAD HEB DDWEUD DIM BYD
O FLWYDDYN I FLWYDDYN YN CAEL FFORDD EU HUN

MAE SWN O'R SAWL SY'N CYMRYD FOD NA HAWL
GANDDYN NHW I RHEOLI PAWB
RWY'N AROS AM YR AMSER I DDOD
PAN CHWARAE TEG FYDD Y NOD
*
RWY'N CADW DOD YN ÔL

LLEISIAU O'R GORFFENNOL......

R.J.

Geiriau 'Lleisiau o'r Gorffennol' wedi eu hysgrifennu heb y dwdls!

Tri clawr eiconig o ddechrau'r 1980au.

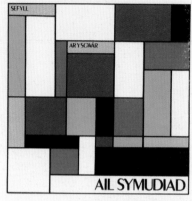

Ail Symudiad yn serennu yn Ddy Mwfi!

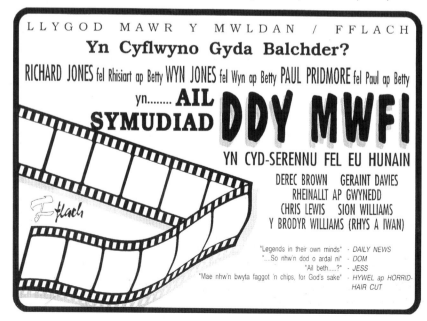

LLYGOD MAWR Y MWLDAN / FFLACH

## Yn Cyflwyno Gyda Balchder?

RICHARD JONES fel Rhisiart ap Betty WYN JONES fel Wyn ap Betty PAUL PRIDMORE fel Paul ap Betty

yn........ **AIL SYMUDIAD** **DDY MWFI**

YN CYD-SERENNU FEL EU HUNAIN

DEREC BROWN    GERAINT DAVIES
RHEINALLT AP GWYNEDD
CHRIS LEWIS    SION WILLIAMS
Y BRODYR WILLIAMS (RHYS A IWAN)

"Legends in their own minds" - *DAILY NEWS*
"....So nhw'n dod o ardal ni" - *DOM*
"Ail beth......?" - *JESS*
"Mae nhw'n bwyta faggot 'n chips, for God's sake" - *HYWEL ap HORRID-HAIR CUT*

Gìg 50 Cymdithas yr Iaith gyda Geraint Cynan ar yr allweddellau.

Annwyl Richard a Wyn
ac Osian, Dafydd, Geraint
ac Emyr

Diolch o galon am eich rhan mewn sicrhau bod gŵyl **50** yn llwyddiant ysgubol ac yn ddathliad teilwng o bum degawd o ymgyrchu bywiog a cherddoriaeth fyw Cymraeg.

Diolch!

**50**
**cymdeithas**

Carden o ddiolch am chwarae mewn gìg arbennig i ddathlu Cymdeithas yr Iaith yn 50 oed ym Mhontrhydfendigaid.

Trevor Hughes yn dod ar y llwyfan yn Eisteddfod yr Urdd Bro Morgannwg i ddweud "Tacsi i'r sêr, *me old china*!!"

Betty a Moelwyn o flaen drws ffrynt Goginan.

Dafydd yn Eisteddfod Genedlaethol Bro Morgannwg…

… ac Osian yn chwarae yn Maes C.

Yr Ail Symudiad presennol – Richard, Dafydd, Osian a Wyn – ger harbwr Aberteifi.

Ystafell reoli Stiwdio Fflach, 2014.

## Dyfodol Rasp

Mae 'na don newydd wedi disgyn ar Rasp, ein label *indie/* pync/pop/rap, ry'n ni'n hapus iawn i ddweud. Dechreuodd yn 'arswydus' gyda Y Datgyfodiad a'u CD *Y Meirw Byw*, sef albwm cysyniadol am sombis mewn cynghanedd. Y Datgyfodiad yw'r bardd a'r rapiwr Aneirin Karadog a'r cynhyrchydd/ cyfansoddwr Chris Josey.

Y band nesa oedd y grwp pop/*indie* o Gaerfyrddin, Bromas, gyda chaneuon sydd ambell waith yn drwm ond hefyd yn fachog a sionc! Bromas oedd enillwyr Brwydr y Bandiau Maes B 2012 a Band Newydd Gorau cylchgrawn *Y Selar* – sdim rhyfedd, gyda thraciau gwych fel 'Alaw', 'Sal Paradise', 'Grimaldi' a 'Nos Calan'. Eu senglau diweddaraf yw *Merched Mumbai* a *Gwena*.

Fel chwa o awyr iach wedyn o Landeilo daw Castro a'u brand o pync sy'n mynnu gwrandawiad, ac mae eu EP cynta nawr ar feinyl hefyd a chaneuon fel 'Ddim yn Poeni am y Bobl', 'Hedfan' ac 'Anifeiliaid'. Maen nhw'n ymosodol mewn gigs ac yn llawn egni. Mae 1977 wedi dod yn ôl yn fyw!

Y Ffug ddaeth wedyn i'r label, grŵp o ardal Crymych – band arall â dyfodol disglair o'u blaen. Maen nhw'n offerynwyr da hefyd ac mae *Cofiwch Dryweryn* yn llawn caneuon cofiadwy a'r canwr Iolo yn dalent arbennig ac yn siwtio Y Ffug i'r dim.

Mae 'O Fewn Fy Hunan', 'Arnofio' a 'Cariad Dosbarth Canol Cymru' yn ganeuon cryf. Mae'r tri band yma i fod i neud mwy o recordio i Rasp yn y dyfodol. Ry'n ni'n ffyddiog iawn o ddyfodol Rasp ac yn edrych am dalent newydd o hyd. Mae Jason Lye-Phillips nawr yn rhan o dîm gynhyrchu Rasp.

Un o CDs 2014 ar label Fflach oedd yr amryddawn Delyth Wyn a Clatshobant yn cyhoeddi *Torri Naws*. Cafwyd lansiad gwych yn Theatr Byd Bychan yn Aberteifi gyda chynulleidfa niferus. Mae'n CD diddorol iawn – canu gwerin ond nid cerdd dant – ac mae naws cerddoriaeth byd i'r albwm. Yn ymuno â Delyth ar y recordiad hwn mae Joe Caswell, Brychan ei brawd, Sior Boyeson, Doc, Côr Teulu'r Hendre, JMC a Ms Charlotte Wallond.

Ry'n ni hefyd wedi rhyddhau *A Map of Love* gan Jackie Hayden ar CD erbyn hyn ac mae cynlluniau ar y gweill i recordio Jim Parc Nest yn adrodd rhannau o *Dan y Wenallt*. Bydd CD mas o'r enw *Llais*, wedi ei gynhyrchu yn y gogledd gan Tudur Morgan a Lee Mason yn Fflach gyda Linda Griffiths, Laura Sutton, Einir Dafydd, Alistair James, Colin Roberts a Tudur. Artist newydd i fflach:tradd yn y dyfodol agos fydd Gwilym Bowen Rhys.

Felly, dyna ni, wedi cyrraedd haf 2014! Gobeithio y gwnewch chi fwynhau'r CD sydd yng nghefn y llyfr – *Blas o Ail Symudiad*. Mae arno rai caneuon sydd heb gael eu clywed ers blynyddoedd! Mae ein diolch i bawb sydd wedi'n helpu a'n cefnogi ni – chi'n gwybod pwy y'ch chi!

Mae wedi bod yn daith bleserus iawn ar y cyfan mor belled, ond hoffai Wyn a finne ddweud yn blaen taw llafur cariad yw Fflach ac, yn sicr, Ail Symudiad. Ond diolch i'n teuluoedd a'n ffrindiau fod hynny wedi bod yn bosib. Mae'n rhoi balchder i ni ein bod wedi cael ein cydnabod am helpu cymaint o bobol ar hyd eu gyrfaoedd cerddorol oherwydd, ar ddiwedd y dydd, fe ddysgon ni am degwch bywyd ac am helpu eraill gan ein rhieni Moelwyn a Betty ac felly, mae'r diolch mwya iddyn nhw.

# Cyfraniadau a theyrngedau

### Derec Brown

Y tro cynta i mi glywed Ail Symudiad oedd mewn sesiwn yng Nghanolfan Tanybont yn ystod yr Eisteddfod Genedlaethol yng Nghaernarfon ym 1979. Dwi'n cofio dweud wrtho'n hunan 'Gobeithio bydd rhain yn aros gyda'i gilydd am flynyddoedd.' Roedd eu set y prynhawn hwnnw'n llawn o ganeuon byr, bachog a chofiadwy fel 'Whisgi a Soda', 'Ad-drefnu' a 'Darlun ar y Wal'. Roedd y ffaith eu bod nhw'n dod o dre Aberteifi yn eu neud nhw'n wahanol, gyda phrofiadau byw mewn tre yn amlwg yn y caneuon. Nodweddion eraill a ddaeth i'r amlwg oedd agwedd bositif a chadarn y grŵp ar lwyfan, yn ogystal â'u hiwmor iach. Mae'r pethau yma wedi aros yn gyson ers hynny.

Dros y blynyddoedd maen nhw wedi cofnodi'r byd o'u cwmpas, o hynt a helynt pobol yr ardal a digwyddiadau lleol i sylwadau ar bynciau ymhell o lannau afon Mwldan. Mae hyn wedi bod yn ganolog i'r llu o ganeuon gwych mae'r grŵp wedi'u cynhyrchu, o 'Twristiaid yn y Dre' i 'Rifiera Gymreig'. Fel un sy wedi treulio amser gyda Richard a Wyn yn cerdded rownd y dre, sefyll ar y sgwâr, gweld yr haul yn machlud dros yr harbwr a mynd am drip i Landoch, dwi wedi cael pip ar baradwys!

### Einir Dafydd

Pan o'n i'n roces fach ro'n i'n gyfarwydd â gwrando ar Ail Symudiad wrth deithio yn y car. O'n i'n gwybod bob gair ac yn joio canu a harmoneiddio gyda'r alawon *catchy*. Yn y blynyddoedd dwetha dwi wedi canu llais cefndir i'r grŵp a doedd dim angen llawer o ymarfer arna i gan 'mod i wedi hen arfer canu eu caneuon!

Un o'r atgofion cynharaf sy 'da fi o weld Ail Symudiad yn canu'n fyw yw yng Ngŵyl y Cnapan yn Ffostrasol. Ro'n i'n ifanc iawn ond dwi'n cofio meddwl, 'Waw! Ma'n wncwl i'n cŵl!' a dwi wedi bod yn hoff iawn o'r syniad o fod mewn band fy hun ers hynny.

Yn wir, daeth y cyfle pan o'n i'n 14. Ro'n i a fy nghefndryd Dafydd ac Osian, sef meibion Richard, wedi dechrau band o'r enw Garej Dolwen, ac yn treulio ein hafau yn ymarfer yng ngarej eu cartre, Dolwen, neu yn Stiwdio Fflach, ac yn cael blas ar recordio a chael gwefr wrth weld y ddesg recordio. Fydde CDs y band ddim yr un peth heb syniadau gwallgof Wyn! Roedd e'n garedig iawn yn rhoi ei amser sbâr i ni ac mae'n siŵr ei fod e wedi neud sawl dished o de i bawb yn ystod y dydd!

Yn fwy diweddar mae Richard wedi ysgrifennu cân 'Y Golau Newydd' i fi. Cafodd hi ei rhyddhau ar CD *Ewn Ni Nôl* ac roedd hi'n fraint cael cân wreiddiol gan Richard wedi ei hysgrifennu'n arbennig i fi.

Dwi'n ddyledus iawn i Richard a Wyn am gael y cyfle i ddechrau perfformio mor ifanc yn nyddiau Garej Dolwen, am mai dyna'r rheswm i fi ddysgu chwarae'r gitâr a fy ysgogi i ddechrau cyfansoddi caneuon fy hun. Ac, wrth gwrs, y cyfle i roi'r caneuon ar gof a chadw. Hebddyn nhw, efallai fydden i byth wedi cael y cyfle.

### Geraint Davies
#### (Hergest, Mynediad am Ddim, Mistar Urdd, Band Grav)

Fe ddechreuodd Ail Symudiad fel grŵp hwyl, pyncaidd (os allwch chi fod yn bync yn Aberteifi!) cyn i Richard ddarganfod ei lais gyda 'Geiriau'. Rhoddodd hyn ddimensiwn ychwanegol i'r grŵp ac er eu bod nhw hyd heddi yn dal i gynnal hwyl, mae 'na sylwedd yn y geiriau hefyd. Yna daeth Recordiau Fflach, sydd wedi rhoi cyfle i gynifer o dalentau, fel y rhoddwyd cyfleon cynnar i Richard a Wyn gan eraill (dy'n nhw ddim wedi anghofio).

Mae bob amser yn bleser recordio yn Tenby Road; dyw e ddim yn slic, ond mae'n sbri ac mae'r maen yn cyrraedd y wal (wel, bron!) bob tro. Ar ôl yr holl flynyddoedd, mae 'na ddiniweidrwydd gwerinol yn rhan annatod o apêl Ail Symudiad a Fflach. Petai'r bois 'ma'n sylweddoli pa mor dda y'n nhw, fe fydde rhywbeth gwerthfawr ac unigryw'n mynd ar goll.

### Keith 'Bach' Davies

Ma Aberteifi'n enwog am fod yn feithrinfa i beth o dalent fwya creadigol ein cenedl. Yn anffodus, dyw Ail Symudiad ddim yn cwmpo i'r categori yna... Ond i fod o ddifri ('Aw! Richard, paid twisto 'mraich i gyment!'), fi'n credu taw yn Nhanybont, Caernarfon glywes i Ail Symudiad am y tro cynta, a hynny dros dri deg mlynedd yn ôl – nhw a'u byji. Ro'n nhw'n gynhyrfus, yn wreiddiol, yn greadigol, yn chwa o awyr iach ac yn wahanol i unrhyw beth arall ar lwyfannau Cymru ar y pryd. Mae'n dweud y cwbwl pan weda i 'mod i wedi cael yr un *thrill* yn gwrando arnyn nhw y llynedd. Y bolie'n fwy, y gwalltie'n llwyd, ond yr un oedd y cyffro. Dros y blynyddoedd maen nhw wedi cyfrannu cyment mewn amryw o ffyrdd i ddiwylliant cyfoes Cymru, heb newid o gwbwl. Fe ddyle Cyngor Tref Aberteifi gomisiynu cerflun o Ail Symudiad i'w roi tu fas i Neuadd y Farchnad – a phan ddigwydd hynny, fi moyn bod yn wylan! Diolch, bois.

### David R Edwards

Mae'r miwsig chi'n cael eich cyflwyno iddo yn yr oedran 14–17 yn aros gyda chi am oes. Yn Lloegr, The Fall oedd e i mi. Yng Nghymru, Ail Symudiad: roedd y geiriau yn taro deuddeg a'r gerddoriaeth yn gyfoes. Bellach, mae eu miwsig wedi 'aeddfedu' ond mae'r geiriau llawn hiwmor yn dal yna.

Byddai Datblygu wedi cymryd llwybr hollol wahanol oni bai am Ail Symudiad. Yn eu gìg 'olaf' ym 1983 roeddwn yn bedwerydd ar y bil ac ymysg y dorf o gannoedd wnes i gwrdd â fy nghyd-aelod yn Datblygu, Patricia Morgan, ac rwy'n hynod ddiolchgar.

## Lowri Evans

Wnes i gwrdd â Richard a Wyn 'nôl ym 1989 – o'n i'n 10 mlwydd oed ac yn aelod o gôr Ysgol Trefdraeth! Aeth y côr i recordio casét yn Stiwdio Fflach – a dyma ddechrau fy hanes gyda'r bois!

Dwi'n cofio, rownd yr amser hyn, gwrando ar Ail Symudiad – roedd ambell dâp o'r grŵp gyda ni gartre – a'r un sy'n sefyll mas yw 'Rhy Fyr i Fod yn Joci' gyda'r llun o'r 3 cap raso tu ôl i'r clawdd!

Des i 'nôl i'r stiwdio ym 1995 – roedd Eisteddfod yr Urdd yn Sir Benfro y flwyddyn honno, ac fe ges i'r anrhydedd o gael fy newis i ganu cân yr Eisteddfod, 'Hela'r Twrch Trwyth', a gafodd ei chyd-ysgrifennu gan Gareth Ioan a Richard.

Erbyn 1996 ro'n i wedi ffurfio band o'r enw Criws yn yr ysgol ac fe lwyddon ni i ennill cystadleuaeth y band gorau o dan 18 ar y rhaglen *Uned 5* ar S4C. Y wobr? Diwrnod mewn stiwdio recordio – felly, bant i Stiwdio Fflach i recordio tair cân wreiddiol! Cafon ni lot o sbort a sbri yn recordio gyda Wyn!

Ar ôl deg mlynedd o fod bant o Stiwdio Fflach (er fe weles i Richard a Wyn lawr yn Llwyngwair ambell waith!) roedd hi'n amser recordio rhywbeth. Roedd hi'n 2006, roedd Lee Mason yn chwarae gitâr gyda fi erbyn hyn, ac fe gwrddon ni â Wyn ar y stryd yn Ffair Aberteifi! Ar ôl *chat* bach, datblygodd y syniad o recordio albwm Cymraeg ac mae'r gweddill, fel ma nhw'n dweud, yn *history*!

Bues i'n ffodus iawn i arwyddo i label Rasp – fe wnes i ryddhau yr albwm *Kick the Sand* gyda nhw yn 2007 ac EP Cymraeg *Dim Da Maria* yn 2008. Mae wastad yn bleser mowr bod yng nghwmni'r ddau ŵr bonheddig yma! Does dim dal beth sy'n mynd i ddigwydd, pa syniadau gwyllt sydd gyda Wyn lan ei lawes neu ba jôc *Fawlty Towers* fydd gyda Richard nesa!

Dwi'n falch iawn fy mod i'n gallu galw'r ddau'n ffrindiau a dwi'n gobeithio y bydd Ail Symudiad yn cadw mlân i recordio a pherfformio am flynyddoedd i ddod!

## Walis Wyn George
### (Trefnydd Cymdeithas yr Iaith)

Blaendyffryn yn Nyffryn Teifi oedd un o ganolfannau pwysica'r sîn roc Gymraeg ar ddechrau'r 1980au, pan oedd Cymdeithas yr Iaith yn trefnu gigs rheolaidd er mwyn cynnig llwyfan i fandiau hen a newydd.

Buodd Ail Symudiad yn berfformwyr cyson dros y blynyddoedd ac roedd eu hapêl yn llawer mwy na'u cerddoriaeth yn unig. Mi welais eu cynulleidfa yn tyfu o fod yn griw bach o gefnogwyr lleol i gynnwys ffans selog o bob rhan o Gymru.

Wna i fyth anghofio eu perfformiad 'olaf' ym Mlaendyffryn ym mis Rhagfyr 1983. Noson anhygoel, y neuadd dan ei sang, pawb yn joio mas draw a neb isie iddyn nhw ddod i ben.

Diolch am bopeth, bois. Chi oedd brenhinoedd Blaendyffryn heb unrhyw amheuaeth.

## Jackie Hayden
### (*Hot Press* writer and author, and the person who signed U2 to their first record contract)

It's become increasingly harder to meet people who can go about their work in a businesslike fashion while still retaining the basic decencies and treating people with respect. Richard and Wyn Jones from Fflach Records are like beacons in that regard. They don't behave as if business is about profit and nothing else. They clearly have a deep love for music and a genuine respect for people, and their commitment to music

135

in the Welsh language is highly commendable, especially at a time when carving out a living in the music industry is a serious challenge. They've been through some tough times, yet have emerged with their (occasionally devastating!) humour intact. There must be something in the water round Ceredigion way!

## Dylan Huws
## (Y Ficar)

Tydw i ddim yn cofio'n union pa bryd y daeth Ail Symudiad, neu Richard a Wyn a bod yn fanwl gywir, yn rhan o 'mywyd. Ond roeddan nhw yn Steddfod Caernarfon 1979, yn Noson Wobrwyo Sgrech ym 1983, a diwrnod fy mhriodas ym 1990. Tydw i ddim yn cofio'r tro cynta i ni gyfarfod na'r tro ola chwaith ond, rywsut neu'i gilydd, maen nhw wastad wedi bod yna. Ond dwi'n cofio'n glir eu bod wedi trefnu i mi, ac aelodau eraill o'r Ficar, gysgu am dair noson ar lawr concrit yn Ystalyfera wrth recordio yn stiwdio Richard Morris (a gorfod talu am y fraint!). Cofiaf hefyd frecwast i ni i gyd yng nghegin eu cartre yn Aberteifi ar ôl cysgu ar lawr (unwaith eto) yn y stafell ffrynt. Erbyn heddiw mae fy nghefn yn hollol *knackered* a byddaf yn meddwl am yr hogia bob tro y byddaf yn eistedd neu'n codi. Diolch, hogia, am bob dim.

## Gareth Iwan a Lisa Gwilym
## (C2/Radio Cymru)

'Nôl yn 2010 fe gawson ni'r anrhydedd o roi syrpréis go iawn i Richard a Wyn drwy gyflwyno Gwobr Cyfraniad Arbennig Radio Cymru i'r hogie o Aberteifi. Roedd y ddau wedi teithio i Gaernarfon i gigio ac yng nghrombil tafarn y Morgan Lloyd fe gafodd Rich a Wyn glywed mai nhw oedd wedi ennill y wobr.

Roedd derbyn y wobr yn dipyn o sioc i'r ddau; maen nhw'n bobol mor ddiymhongar nad oedden nhw erioed wedi breuddwydio cael eu cydnabod yn y fath ffordd, ond mae eu cyfraniad wir wedi bod yn arbennig.

Craidd eu dylanwad a'u llwyddiant ydy cariad tuag at gerddoriaeth, a'r brwdfrydedd i rannu'r angerdd hwnnw hefo cerddorion eraill. Tu ôl i'r wên barod a'r jôcs di-rif, yn dawel bach mae Ail Symudiad a Fflach wedi cyfrannu'n amhrisiadwy i'r sîn, nid yn unig drwy eu caneuon bachog eu hunain ond drwy roi sylw ac anogaeth i ddegau o artistiaid eraill. Falle fod y sîn yn newid yn gyson, ac arddulliau'n mynd a dod, ond mae parodrwydd y ddau i roi cyfle a chefnogaeth i artistiaid newydd wedi bod yno'n gyson.

Byddai sain Radio Cymru wedi bod yn wahanol iawn – a llawer tlotach – heb Ail Symudiad a Fflach. Diolch, bois!

## Angharad Jenkins

Dwi ond wedi adnabod Richard a Wyn yn bersonol ers 2012, ond wrth gwrs roeddwn i'n gyfarwydd iawn â'u gwaith ymhell cyn hynny trwy fy nghasgliad o gerddoriaeth werin.

I mi, mae'r gerddoriaeth ar label fflach:tradd yn cynrychioli sŵn gwerin Cymreig hollol onest, naturiol a hyfryd, ac felly roeddwn wrth fy modd pan ges i a fy mam y gwahoddiad i ryddhau albwm ar y label yn 2013. Dwi bellach yn gweithio'n rhan-amser ar ddatblygu'r label.

Mae treulio amser gyda brodyr Fflach wedi amrywio o'r hwylus i'r abswrd, llawn chwerthin, cloncian a jôcs. Mae wastad stori ddifyr i'w chlywed yn eu cwmni, o hanes yr SRG dros y blynyddoedd i ryw gymeriad lleol, ac wrth gwrs mae eu ffrind Edward Levine o Ddinbych-y-pysgod yn codi mewn sgwrs yn aml – ond yn rhyfedd iawn, dwi dal heb ei gwrdd! *Never a dull moment* yn Fflach HQ!

Cofiaf ymweld â Richard a Wyn ar daith 10 Mewn Bws ar ddechrau 2013 trwy fy ngwaith gyda Trac, a rhoddon nhw CD i bob un o'r cerddorion – enghraifft o'u haelioni a'u brwdfrydedd. Mae eu cyfraniad i gerddoriaeth Cymru o bob *genre* yn amhrisiadwy.

Ac, wrth gwrs, oni bai am Richard a Wyn, fydden i ddim wedi darganfod Abdul's – bwyty Indiaidd gore'r Gorllewin!

## Hefin Jones
### (Sefydliad Cerddoriaeth Gymreig)

Bosib fy mod ychydig yn rhy ifanc i gofio Ail Symudiad yn eu pomp a'u seremoni ond dyw hynny'n newid dim ar fy nghymwysterau i sôn amdanynt fel petawn yn rhyw fath o arbenigwr. Ocê, ella'i fod o, ond ar ôl yr holl ymweliadau â Stiwdio Fflach i fynydd o Custard Creams, i hel eu halbyms a rhoi'r byd yn ei le, mae'r Misterod Wyn a Richard Jones yn gobeithio y bydda i'n dweud rhywbeth clên amdanynt – ac maent yn gywir! Hawdd yw deall y cynhesrwydd yn llygaid y rhai sy'n eu cofio o'r cychwyn cynta.

Mae'r catalog enfawr o diwns bachog a bywiog yn sefyll drostyn nhw eu hunain, fel y *lyrics* celfydd, coeth, clyfar, cellweirus, a does dim un set erioed yn fy nî-jeo achlysurol wedi gorffen heb i draciau Ail Symudiad daranu dros y lle, yn enwedig 'Bywyd Gyda'r Jet-Set', 'Rhy Fyr i Fod yn Joci' a 'Rwy Lawer Rhy Dew, Eamon', cyn un ymestyniad arwrol olaf i waldio 'Bwyta'n Broffesiynol' mlaen wrth i'r swyddogion diogelwch fy llusgo allan. Yna, adra a phaned dros synau lleddf 'Aros am Oes', 'Trip i Llandoch' ac 'Arwyr Addfwyn'. Grŵp i bob adeg a thymor ac oes.

Gwych yw'r newyddion fod llyfr cyfan am Ail Symudiad, a gallwch fod yn eitha siŵr mai'r uchod fydd y darn lleia digri a difyr yn y wledd.

## Euros Lewis
### (Cynhyrchydd: yn sôn yn y *Teifi-Seid* am ddiffyg cofeb i John Thomas yr emynydd o ardal Aberteifi yng Nghapel Bethesda, Llanwrtyd)

Ymhen hanner canrif yn Aberteifi, ar y sgwâr (neu rywle tebyg), dwi'n mentro proffwydo y bydd cofadail i ddau gerddor a aned ac a fagwyd yn y dre. Mi af yn bellach wrth ddarogan nad tabled geiriog na cherflun Bach neu Handel-aidd fydd yno ond, yn hytrach, mi fydd y cofadail ar ffurf Fflach! ac yn gofnod o gyfraniad aruthrol dau frawd i gerddoriaeth boblogaidd eu gwlad a'n diwylliant. Yn wahanol i gapelwyr diffuant Llanwrtyd gynt, fydd gan bobol Aberteifi ddim esgus dros beidio â chydnabod dawn ac arwriaeth Richard a Wyn Jones.

### Geraint Løvgreen

Brith gof sy gen i o Eisteddfod Caernarfon ym 1979. Nid ar y Maes y treuliais i'r wythnos ond yng Nghanolfan Tanybont, mewn sesiynau pnawn a gigs nos. Ond dwi'n cofio'n glir yr argraff enfawr a wnaeth Ail Symudiad ar bawb oedd yn ddigon ffodus i fod wedi gwasgu i mewn i'r clwb bach.

Golwg smart arnyn nhw, dim *jeans* – nid myfyrwyr yn sicr. Nid pyncs blêr, chwaith. A deud y gwir, roedden nhw'n edrych yn hollol wahanol i unrhyw fand Cymraeg arall. 'Look Sharp!' ganodd Joe Jackson y flwyddyn honno, ac roedd y tri yma'n bendant yn edrych y part.

Ac mi ddechreuon nhw ganu, a chodi'r to gyda'u caneuon mor bwrpasol â'u gwisg: cyflym, byr ac i'r pwynt. Cyfres o anthemau bychain dau-funud i bynciau cyffredin y dydd: 'Whisgi a Soda', 'Ad-drefnu', 'Modur Sanctaidd'... tyfodd y rhestr a daeth rhes o senglau allan – yn gynta ar label Sain ac yn ddiweddarach ar eu label newydd sbon, Fflach. Ni fu band senglau gwell cynt nac wedyn.

Erbyn hyn 'dan ni i gyd dipyn yn hŷn a dwi wedi mwynhau cwmni difyr y bois o Aberteifi mewn ambell i le dros y blynyddoedd, ac yn dal i fwynhau clywed eu caneuon – hen a newydd – ar y radio'n gyson. Diolch, Richard a Wyn, am eich cyfraniad enfawr ers 35 (tri deg pump?!) o flynyddoedd. Mlaen rŵan am yr hanner cant!

## Rhys Mwyn

Fedra i ddim dweud pa mor bwysig oedd 'darganfod' Ail Symudiad yn ôl ym 1980. Fe welais y grŵp ar raglen *Sêr* a sylweddoli bod grŵp arall Cymraeg allan yna oedd wedi cael eu dylanwadu gan pync a'r don newydd. Roedd Ail Symudiad yn cŵl a dyma yrru archeb drwy'r post at gwmni Sain yn syth am y sengl *Ad-drefnu*. Yn y dyddiau yna, roedd yn rhaid archebu recordiau drwy'r post – doedd dim siop recordiau yn agos i Lanfair Caereinion – ac fel arfer byddwn yn clywed am grwpiau pync ar raglen John Peel ar Radio 1 neu raglen Stuart Henry *Street Heat* ar Radio Luxembourg ac wedyn yn gyrru am y recordiau drwy'r post at gwmnïau fel Small Wonder. Roedd Peel wedi bod yn chwarae'r Trwynau Coch ac roeddwn yn ymwybodol o Jarman ond, ar yr adeg yma, doeddwn i ddim yn ymwybodol o raglen *Sosban* ar Radio Cymru felly tipyn bach o lwc oedd gweld Ail Symudiad ar *Sêr*.

Felly, dyma ddod ar draws artistiaid Aberteifi, Ail Symudiad, hefo'u halawon gwych a wedyn Malcolm Neon yn gwthio'r ffiniau electronig. Fel dwi'n dweud – pwysig! Dyma ddechrau o ddifri ar ddilyn grwpiau oedd yn canu yn y Gymraeg a sylweddoli bod yna fandiau perthnasol yn y Gymraeg – doedd pob band Cymraeg ddim yn perthyn i'r clwb 'Deinasoriaid Denim' fel y bu i Gruff Rhys eu disgrifio yn ddiweddarach!

Gwelais Ail Symudiad yn fyw am y tro cynta yn Aberystwyth a phenderfynu mai 'Annwyl Rhywun' oedd y gân orau erioed. Petawn i'n gorfod neud trefniant o gân Ail Symudiad hefo côr meibion byddwn yn dewis 'Cymry am Ddiwrnod'. Petawn angen trefniant o gân gyda cherddorfa, hawdd fyddai dewis 'Lleisiau o'r Gorffennol'. Ydi Ail Symudiad yn gallu sgwennu 'tiwns'?!

Efallai gyda'r gân 'Geiriau' roedd modd rhag-weld lle roedd Ail Symudiad yn anelu yn gerddorol. Fel y disgwyl, y stwff cynnar yw'r stwff gorau yn fy marn i. 'Garej Paradwys' yw'r sengl orau a chollais ddiddordeb yn eu gyrfa ar ôl hynny, ond mae Rich a Wyn wedi parhau i fod yn bobol rwyf o hyd yn falch o dorri sgwrs â nhw. Yn ôl ym 1980 roedd Ail Symudiad yn ofnadwy o bwysig i'r hogyn ifanc o Lanfair Caereinion.

## Gwenda Owen

Rwy'n cofio recordio'r cryno-ddisg *Dagre'r Glaw* yn Stiwdio Fflach. Roedd y caneuon wedi eu cyfansoddi ac roedd popeth yn ei le yn barod i recordio. Roeddwn wrthi un bore yn recordio'r gân 'Cân i'r Ynys Werdd'. Arwel John oedd wedi ysgrifennu'r geiriau a Richard wedi cyfansoddi'r alaw. Dyna'r gân enillodd *Cân i Gymru* a'r Ŵyl Ban Geltaidd y flwyddyn honno.

Mae eu cyfraniad i gerddoriaeth yng Nghymru yn un gwerthfawr iawn. Maen nhw wedi rhoi cyfle a dechreuad i lawer o artistiaid yn ogystal â'r profiad o recordio.

## Richard Rees

Roeddwn i'n gyflwynydd bach ifanc, diniwed yn cyflwyno rhaglen *Sosban* ar BBC Radio Cymru pan gwrddais i â Nigel. Daeth Nigel i stiwdio Aberteifi un bore gyda cwpwl o ffrindiau. Y ffrindiau oedd Richard a Wyn Jones o'r band Ail Symudiad ond roedd hi'n anodd iddyn nhw gael eu clywed dros sŵn Nigel. Bwji oedd Nigel, a dyna oedd y tro cynta i mi neud cyfweliad gyda aderyn ar y radio (ond yn rhyfedd iawn nid y tro olaf)!

Wrth gwrs, nid oedd Nigel yn bodoli. Richard a Wyn oedd wedi dod â chwiban i'r stiwdio gan esgus bod deryn yno. Dros y blynyddoedd daeth ci bach a nifer o anifeiliaid eraill i'r stiwdio i gymryd rhan yn y cyfweliadau. Mewn ffordd, roedd Nigel y bwji yn crynhoi ysbryd y band. Band llawn hwyl, yn ysgrifennu caneuon bachog, weithiau'n ddigri ac weithiau'n ddifrifol, ond bob un yn afaelgar ac yn hynod o boblogaidd. Mae nifer o'r caneuon bellach yn glasuron. Os ydych chi wedi gwrando ar Radio Cymru ar unrhyw adeg dros y deugain mlynedd diwethaf fe fyddwch chi'n siŵr o adnabod caneuon fel 'Geiriau', 'Y Llwybr Gwyrdd', 'Whisgi a Soda', 'Garej Paradwys', 'Trip i Llandoch', 'Cymry am Ddiwrnod' a llawer mwy. Mae'r caneuon wedi dal sylw cynulleidfa, a'r perfformiadau byw yn llawn egni a brwdfrydedd. Dyma un o'r ychydig fandiau yn y byd roc yng Nghymru sydd wedi datblygu a thyfu o'u gwreiddiau yn y Gorllewin. Nid band ysgol na phrifysgol yw Ail Symudiad ond band sydd yn ysgrifennu am bethau sydd o bwys iddyn nhw, yn eu hardal nhw, ac yn y Gymru maen nhw'n nabod ac yn byw ynddi bob dydd. Roedd y perfformiadau byw ym Mlaendyffryn, yng Nghorwen a channoedd o neuaddau eraill ar draws y wlad, yn dyst i boblogrwydd y band ym mhob twll a chornel o Gymru ac yn profi pa mor berthnasol yw'r caneuon i fywydau cymaint o'r gynulleidfa roc yng Nghymru.

Mae'r bois wedi cynnig cyfleoedd i ddegau o berfformwyr eraill trwy gyfrwng eu label recordiau Fflach. Sgwn i a fydden ni wedi clywed ac wedi dod i adnabod caneuon Dom, Jess, Y Diawled a Einir Dafydd oni bai am gwmni Fflach? Mae bois Ail Symudiad wedi neud cyfraniad anferthol i'r byd roc yng Nghymru ar y llwyfan ac yn y stiwdio. Rwy'n falch iawn bod y bois wedi dal ati, a bellach wedi cael cwmni meibion Richard, sef Dafydd ac Osian, sydd wedi ymuno â'r band. (Mae hynny wedi dod â chyfartaledd oedran y band lawr i ychydig dros 200 o flynyddoedd!)

Dwi wedi cyfweld Ail Symudiad sawl gwaith dros y blynyddoedd ac wedi cyflwyno'r band yn fyw ar lwyfan nifer o weithiau hefyd. Bellach, dwi'n meddwl bod gen i'r hawl a'r anrhydedd i alw'r bois yn ffrindiau a dwi'n gobeithio y bydd y band yn parhau, yn ysgrifennu caneuon ac yn diddanu cynulleidfaoedd am flynyddoedd i ddod. Er, mae Nigel wedi bod yn dawel iawn ers tipyn!

## Llio Rhydderch

'Mi ddo' i gwrdd â chi wrth garej Penparc, wedyn dilynwch fi i lawr i'r stiwdio.' Dyna fy nghyflwyniad cynta i gwmni Fflach a'r ddau frawd Richard a Wyn. Do, mi fûm yn darlledu droeon i'r BBC cyn hynny ond fûm i erioed mewn stiwdio recordio o'r blaen a thipyn o fenter oedd honno i mi: menter, o edrych yn ôl, a fu'n werth ei chymryd gan iddi esgor ar gynhyrchu pum cryno-ddisg dros gyfnod o bymtheg mlynedd plesurus iawn o recordio o dan label fflach:tradd.

Ni allwn fod wedi dewis gwell cwmni na gwell pobol i gydweithio â hwy na'r cwmni hwn. Yr un a fu'n gyfrifol am y cyflwyniad yma oedd Ceri Rhys Matthews gan mai ef oedd yn trefnu ac yn gynhyrchydd i artistiaid fflach:tradd.

Yn wahanol i nifer o gwmnïau eraill, cwmni teuluol clòs, cytûn oedd y cwmni hwn. Ynghyd â Richard a Wyn roedd aelodau eraill fel Pam a Kevin yn rhan annatod o Fflach.

Soniais eisoes fod hon yn dipyn o fenter i mi ond rhaid cydnabod ei bod hi'n dipyn o fenter i Richard a Wyn hefyd. Ni wyddent beth i'w ddisgwyl o fy recordio ond diolchaf iddynt am roi tragwyddol heol i mi droedio'r ffordd a fynnwn, a hynny gan lwyr ymddiried ynof.

O'r diwrnod cynta roedd eu cefnogaeth a'u caredigrwydd yn amlwg, heb sôn am yr hwyl, y tynnu coes a'r croeso cynnes a gefais ganddynt. Ymledai'r gefnogaeth honno ymhell a thu draw i furiau'r stiwdio. Wrth i mi deithio ar draws Prydain benbaladr, Iwerddon, yr Eidal a Gwlad Belg gyda Ceri'n gwmni difyr i mi, deuai negeseuon neu bwysi o flodau i ddilyn y cyngherddau oddi wrth Richard a Wyn.

Diolchaf yn fawr iddynt am roi llwyfan i mi gyflwyno'r delyn deires i wrandawyr ledled y byd a thrwy hynny ledaenu enw fflach:tradd i'r gynulleidfa honno. Llongyfarchiadau mawr i'r cwmni ar eu llwyddiant ar hyd y blynyddoedd.

## Huw Stephens

Ges i'r pleser o gyfweld â Rich a Wyn ar gyfer y rhaglen *Rhiniog* ar BBC Radio Cymru. Roedd treulio diwrnod yn eu cwmni, yn y stiwdio yn Aberteifi, yn dipyn o brofiad ac yn bleser llwyr. Mae eu sgwrsio, eu hanes a'u hegni yn heintus. Rwy'n ffan o'r caneuon ac mae casgliadau Ail Symudiad yn dod â'r goreuon at ei gilydd yn wych. Yn 2014, mae clywed cân fel 'Whisgi a Soda', y melodïau a'r gitârs, yn dal i swnio mor ffresh ac o flaen ei amser.

Mae'n rhaid canmol y ddau am y gwaith gwych ma nhw wedi'i neud gyda'r labeli. Mae Fflach yn label uchelgeisiol a phwysig. Gyda label Rasp, sy'n canolbwyntio ar fandiau newydd, fe wnaethon nhw roi hyder i gymaint o gerddorion ifanc. Mae cael label fel Rasp, a brwdfrydedd a phrofiad Rich a Wyn, yn amhrisiadwy, ac mae eu cefnogaeth i gerddorion fel Swci Boscawen, Zabrinski a Texas Radio Band, hyd at Mattoidz, Bromas a Castro yn fwy diweddar, yn ysbrydoledig. Rwy'n eu hedmygu am greu fflach:tradd hefyd, gan roi cerddoriaeth draddodiadol a gwerin ar lwyfan rhyngwladol. Mae eu cariad at gerddoriaeth, teulu, ffrindiau a'u cynefin yn plethu yn eu bywydau bob dydd, a byddai Cymru, a'r sîn gerddoriaeth, yn lle tlotach hebddyn nhw a'u gwaith gwych.

## Glyn Tomos
## (*Sgrech*)

Dau hoffus efo dwy galon fawr – dyna sut fyswn i'n disgrifio Wyn a Richard. Hogia isio gneud rhwbath o hyd – doedd ista 'nôl a gneud dim byd ddim yn rhan o'u cyfansoddiad rywsut. Dim byd yn ormod iddyn nhw. Doedd dim llaesu dwylo. Gafael ar bob cyfle i berfformio, dim ots lle a hynny unrhyw bryd. Llawn syniadau a brwdfrydedd – isio symud mlaen i'r prosiect nesa. Mwynhau a chyfrannu oedd y prif amcanion. Eu perfformiad hwyliog, di-lol ar lwyfan yn adlewyrchiad o hynny. Doedd perfformio a chyfansoddi ddim yn ddigon chwaith. Meddwl wedyn am recordio stwff eu hunain a chynnig cyfle i artistiaid eraill recordio gyda Recordiau Fflach. Eu caneuon byr a chofiadwy yn fêl i glustiau nifer oedd yn eu dilyn ac yn joio yn y dawnsfeydd.

Er mai Blaendyffryn oedd eu cartre ysbrydol, mewn dim o amser roedd Cymru gyfan wedi closio atynt wrth iddynt deithio o gwmpas y wlad a choroni hynny drwy dderbyn tlws Prif Grŵp Roc yn Noson Gwobrau Sgrech '81. Wrth lwc i ni, roedd *Sgrech* ac Ail Symudiad yn cydoesi. Fel cylchgrawn roeddem mor ffodus o ddilyn hynt a helynt y grŵp a chyfraniad y ddau frawd yn arbennig o 1979 i 1984. Cawsom gyfle i werthfawrogi eu cyfraniad pan gyflwynwyd tlws Gwobr Arbennig Sgrech iddynt yn Noson Gwobrau Sgrech '83. Do, mae'r grŵp hynod yma o Aberteifi, a chyfraniad Wyn a Richard yn arbennig, wedi bod yn gynhyrchiol tu hwnt ers eu gìg cyhoeddus cynta ym 1979 ym mart Aberteifi o bob man. Diolch am hynny ddweda i, oherwydd mi fyddai'r sîn roc Gymraeg wedi bod dipyn tlotach hebddynt. Diolch, hogia.

### Neil Thomas

Fel rheol mae dau beth yn digwydd pan ddaw un o ganeuon Ail Symudiad mlaen ar radio'r car – mae'r sain yn cael ei droi fyny'n syth bìn ac mae gwên lydan yn ffurfio ar fy wyneb!

Wedi sawl blwyddyn o heidio'n rheolaidd i bafiliwn Corwen, i weld *A-listers* fel Edward H a Jarman yng nghanol y 70au, roeddwn yn awyddus i ehangu fy ngorwelion gyda'r sîn roc Gymraeg. Yn lleol, roeddan ni'n cael ein difetha'n wythnosol yng Nghanolfan Tanybont, Caernarfon gydag ymddangosiadau gan artistiaid fel y Trwynau Coch, Crysbas a Rhiannon Tomos. Roedd hi'n anodd osgoi'r ffrwydriad ffyrnig a grëwyd gan y sîn pync dros Glawdd Offa ac er i mi geisio trochi ynddo sawl gwaith ni lwyddodd i gydio'n llwyr. Es i weld tipyn o gigs i'r Undeb Myfyrwyr ym Mangor a chael fy nghyffroi gan grwpiau fel y Stranglers, y Buzzcocks a Joy

Division a gwelais fawrion fel Gary Numan a Blondie yng Nghanolfan Hamdden Glannau Dyfrdwy.

Ond roedd tipyn o wagle yn bodoli i mi'n bersonol yn y byd roc Cymraeg. Dechreuais lythyru'n rheolaidd â'r gŵr tawel Malcolm Gwyon (Neon yn ddiweddarach) ar ôl i mi ddarganfod ei stwff tanddaearol electronig gwreiddiol. Mi fyddai'n danfon casét ata i bob tro y byddai'n rhyddhau rhywbeth newydd. Roedd hi'n amlwg fod bwrlwm yn ardal Aberteifi – roedd grŵp Y Diawled wedi dod ar fy radar hefyd, yn enwedig y gân roc trwm 'Llinos yn y Lledr Du'!

Y cof cynta sydd gen i o Ail Symudiad oedd eu hymddangosiad ar raglen bop amser te ar S4C, yn canu 'Twristiaid yn y Dre'. Roedd eu delwedd yn arbennig – sbectols tywyll a chefndir gwyn llachar y set, ddim yn rhy annhebyg i glawr LP *Parallel Lines* gan Blondie. Cofio gofyn i fy ffrindiau oedden nhw wedi gweld y grŵp newydd cyffrous yma a beth oedd eu barn. Fel steddfodwr pybyr, yr arferiad oedd mynd i gigs yr hoelion wyth fel Dafydd Iwan, Meic Stevens ac Edward H, ond roedd newid ar y gweill. Y flaenoriaeth bellach oedd chwilio am gigs Ail Symudiad yn y pnawn a gyda'r nos. Roedd nifer o'n ffrindiau yn hoffi'r caneuon sydyn *powerpop* oedd yn gyfuniad o mod a pync, ac yn amlwg yn mynd i lawr yn dda gyda Skins Dyffryn Nantlle, a nhw oedd yn gyfrifol am yr 'Oi, Oi,Oi!' yn ystod y toriad yng nghytgan 'Sefyll ar y Sgwâr'. Mae gen i gof inni hefyd newid geiriau 'Ad-drefnu' i 'Aaail Symudiad, Symudiad!' fel teyrnged i'r grŵp. Roedd Rich a Wyn yn awyddus iawn i wybod a oeddwn wedi mwynhau ar ddiwedd pob gìg, a'r un gair roedden nhw'n ei gael yn ôl bob amser sef 'Ffantastig!' Ymfalchïaf yn y pleser pur a gefais yn gwylio a gwrando arnyn nhw. Mae cyfraniad y grŵp wedi bod yn sylweddol iawn a braf yw clywed artistiaid newydd fel Lowri Evans yn rhoi ei stamp ei hun ar yr anfarwol 'Garej Paradwys'. Mae dylanwad Ail Symudiad i'w glywed mewn llawer o'r grwpiau newydd bywiog sydd yn mentro yn y Gymraeg, heb iddynt hwythau fod yn ymwybodol o hynny efallai. Caneuon cofiadwy sy'n gwrthsefyll prawf amser. Er bod cytgan 'Lleisiau o'r Gorffennol' yn mynd mlaen am amser hir, mae rhywun isie iddi hi barhau am byth!

Y tro ola i mi weld yr hogiau oedd yng Nghlwb Canol Dre yng Nghaernarfon, noson i hybu eu CD *Renby Toads*. Ar y CD yma ceir y clasur 'Cer Lionel!', sy'n talu teyrnged haeddiannol i'r dewin bach o'r Ariannin, Messi. Roedd hi'n hyfryd cael bod yn eu cwmni unwaith eto a braf eu gweld yr un mor frwdfrydig ag erioed. Diolch am yr atgofion ac edrychaf mlaen yn eiddgar am fwy!

## Eurof Williams

Rwy wedi nabod Richard a Wyn ers tua 37 mlynedd. A finnau'n gynhyrchydd y rhaglen bop *Sosban* fore Sadwrn ar y Radio Cymru newydd ym 1977, fy mwriad oedd recordio cymaint o sesiynau gan grwpiau newydd ag oedd yn bosib a'u darlledu'n wythnosol.

A dyma dderbyn casét amrwd ond gobeithiol o Tenby Road, Aberteifi.

Yn dilyn nifer o sgyrsiau ffôn doniol a difrifol, gyda thestunau'n amrywio o'r Beatles i'r Blew, dyma wahodd y grŵp i recordo sesiwn i'r rhaglen... a dim ond chwerthin wnaeth y peiriannydd a finnau am dair awr gyfan!

Roedd – ac mae o hyd – gan y grŵp natur ffwrdd â hi yn y gerddoriaeth, ond yn gallu cynnig testunau dwfn a difrifol – o 'Hyfryd Bingo' i 'Cymry am Ddiwrnod'.

Ges i'r fraint o'u cynhyrchu nhw ar gyfer dwy record fer, a'r hyn oedd yn amlwg i fi, trwy'r cyfan oedd dawn cyfansoddi arbennig Richard. Er ei fod e'n chwerthin am yr honiad, rwy'n gweld cymariaethau rhyngddo a Buddy Holly – dawn i greu rhywbeth *catchy* a syml sy'n aros yn y cof.

Rwy'n trafod cerddoriaeth gydag amryw o bobol ledled Cymru yn aml iawn, ac un peth sydd yn gyffredin i bawb – unwaith mae rhywun yn cyfeirio at Richard, Wyn, neu'r grŵp Ail Symudiad, daw gwên fawr ac annwyl i wynebau pawb.

Ac yna daeth cwmni recordiau Fflach, a Fflach Traddodiadol [fflach:tradd], yn ei dro, sy'n ymgorffori daliadau ac ymrwymiad y bois tuag at gerddoriaeth Gymraeg, boed yn bop neu werin. Sawl cyfle a roddwyd i grwpiau ac unigolion newydd a dibrofiad? Sawl awr o drefnu a chwysu a phoeni aeth i mewn i'r cyfan? Ac maen nhw'n dal yno, whare teg. Mae'n syndod cynifer o recordiau sydd wedi dechrau'u taith o'r tŷ *semi-detached* yn Tenby Road, Aberteifi, a chreu corff o waith y byddai unrhyw gwmni recordiau yn gallu ymfalchïo ynddo.

Richard a Wyn – bois ffein, naturiol. Mae cerddoriaeth pop, roc a gwerin Cymru yn gyfoethocach o'u herwydd, a ninnau am eu hadnabod.

## Gwyn Williams
## (Doctor)

Dwi'n ddigon lwcus (ac felly'n ddigon hen) i allu dweud 'mod i'n cofio gweld Ail Symudiad yng Nghanolfan Tanybont, Caernarfon yn ystod yr Eisteddfod Genedlaethol 'nôl ym 1979. Dwi hefyd yn cofio'r siarad fu o gwmpas y Maes am y band newydd cyffrous 'ma o Aberteifi.

Roedd Sesiynau Sgrech yn enwog am eu hwyl a sbri, ac roedd egni rhyfeddol ym mherfformiad Ail Symudiad. Caneuon byr, bachog, pop pur, ychydig yn amrwd, ond yng ngwres ac awyrgylch chwyslyd clwb Cymraeg Caernarfon wedi siom refferendwm Datganoli '79, dyma'n union beth oedd angen.

Wedi'r wythnos wallgo yna fe aeth Ail Symudiad mlaen i chwarae ar hyd a lled Cymru. Roeddwn i'n ddigon lwcus nid yn unig i allu trefnu ambell gìg yn Undeb Myfyrwyr Aberystwyth pan oeddwn i'n llywydd UMCA, ond hefyd i rannu llwyfan efo nhw fel aelod o'r grŵp Doctor.

Wrth rannu llwyfan, neu wrth drefnu gìg, dyma'r hogia

neisiaf allech chi eu cyfarfod yn y sîn roc Gymraeg ar ddechrau'r 80au. Pync heb y poeri, pop heb y *prima donna* – hogia da, caneuon da, amser da!

A phan welais i nhw yn y Morgan Lloyd, Caernarfon flwyddyn neu ddwy yn ôl, roedd hi fel bod 'nôl yn Nhanybont yn '79 – er bod ambell aelod o'r gynulleidfa wedi magu bol a cholli gwallt!

## Aled Wyn

Daw geiriau un o gerddi enwog Ceiriog i'r meddwl, 'Aros mae'r mynyddau mawr, rhuo trostynt mae y gwynt...' Nid awgrymu bod Richard a Wyn yn greaduriaid oeraidd, anghysbell, llawn gwynt (er ma treulio oriau yn malu awyr gyda nhw yn medru bod yn donic i'r enaid); ond fel gyda'r Preselau a chopaon enwocaf Cymru, mae'r ddau wedi bod yn gonglfaen ein diwylliant poblogaidd ers degawdau, a'u dylanwad fel band a chyhoeddwyr cerddoriaeth boblogaidd yn ddiamheuol.

Roedd diwedd y 70au yn wahanol iawn i heddiw – dim ffonau symudol, dim e-byst, dim CDs. Roedd peint o laeth yn costio ychydig dros 10 ceiniog a rhyw 35 ceiniog oedd pris peint o gwrw, a dim ond breuddwyd pell oedd sefydlu S4C. Dyma ddiwedd anterth cerddoriaeth ddisgo ryngwladol a chyfnod pan oedd egni pync gwrth-sefydliad yn dylanwadu ar ieuenctid. Dyma'r cyfnod hefyd pan anwyd Ail Symudiad a Disgo Aled Wyn.

Y tro cynta i mi weld y band yn chwarae oedd yn Eisteddfod Genedlaethol Caernarfon '79, ac er o'n i'n rhy ifanc ar y pryd i gael mynediad i Danybont, fe ges i sawl cyfle ddechrau'r 80au, tra o'n i'n fyfyriwr ym Mangor, i DJo yn y clwb enwog gyda'r bois o Aberteifi. Dros y blynyddoedd mae'n llwybrau wedi croesi sawl tro – mewn gigs enfawr megis Twrw Tanllyd a nosweithiau Sgrech. Yn yr 80au hefyd symudodd fy rhieni i Aberteifi (ond ddim oherwydd personoliaethau magnetig Rich a Wyn!). Yn fwy diweddar dwi wedi cael sawl cyfle i ymddangos gyda nhw ar lwyfan Maes C a'r Llwyfan Perfformio yn yr Eisteddfod Genedlaethol, yn ogystal â threfnu ambell gìg yng Nghlwb y Diwc, Caerdydd.

Pan glywais fod Richard a Wyn yn dathlu eu bod wedi chwarae mewn pum degawd gwahanol a bod 'na fwriad i gyhoeddi llyfr er mwyn cofnodi'r cyfnod, dyma ddechrau trafod y posibilrwydd o daith. Beth bynnag fydd canlyniad 'bod ar yr hewl', mae gen i deimlad y byddwn ni ar ein colled yn ariannol, ond siŵr o elwa o'r profiad o gymdeithasu ac o dynnu coes, gan gyfoethogi cyfeillgarwch degawdau.

Fel y symffoni anorffenedig enwog honno, ma gen i deimlad fod 'na Drydydd Symudiad eto i ddod o'r tannau ar lannau'r Teifi. Pob lwc i'r degawdau sydd i ddod a diolch am eich brwdfrydedd heintus.

# Disgyddiaeth
# Ail Symudiad

Label Sain
1980:    *Whisgi a Soda/Ad-drefnu*

Label Fflach
1981:    *Twristiaid yn y Dre/Modur Sanctaidd/Hyfryd Bingo*
1981:    *Geiriau/Cura dy Law/Annwyl Rhywun*
1981:    *Garej Paradwys/Ffarwél i'r Fyddin*
1982:    *Edrych Trwy y Camerâu/Emyn Roc a Rôl*
         (Angylion Stanli)
1982:    *Lleisiau o'r Gorffennol/Dilyn y Sebon*

Label Sain/Fflach
1982:    LP *Sefyll ar y Sgwâr*

Label Recordiau Tŷ Gwyn
1982:    LP *Gorau Sgrech – Sgrechian Corwen*
         'Garej Paradwys'/'Geiriau' (recordiad byw)

Label Casetiau Neon
1983:    *O Aberteifi a Chariad* (casgliad)
         'Darlun ar y Wal'/'Analysis ar Unwaith'

Label Casetiau Lola
1983:    *Darlun ar y Wal* (casgliad)

Label Sain
1983:   LP *Sesiwn Sosban 2* (casgliad)
        'Fel China Bell'
1984:   LP: *Barod am Roc* (casgliad)
        'Geiriau'
1984:   *Bedlam/Arwyr Addfwyn*
        (sengl ar gyfer Eisteddfod Genedlaethol Llambed 1984)

Label Fflach
1986:   *O Bell ac Agos/Heno Mewn Breuddwyd*
1986:   EP *Croeso i Gymru/Dyddiau Newydd;*
        *Meic Stevens: Bwgan ar y Bryn/Goucho*
1989:   *Rhy Fyr i Fod yn Joci* (casét/albwm)
1992:   *Afon Mwldan: Casgliad*
        (CD ar gyfer Eisteddfod Genedlaethol Aberystwyth 1992)
1993:   *Ddy Mwfi* (casét/albwm)
1995:   *Trip i Llandoch: Casgliad*
        (casét ar gyfer Eisteddfod yr Urdd Bro'r Preseli 1995)
2002:   CD: *Yr Oes Ail* (y casgliad cyntaf)

Label Sain (CD)
2004:   *Degawdau Roc 1967–82* (casgliad)
        'Sefyll ar y Sgwâr'

Label Fflach (CDs)
2006:   *Pippo ar Baradwys* (yr ail gasgliad)
2008:   *Anifeiliaid ac Eraill* (y trydydd casgliad)
2010:   *Grwfi Grwfi/Ynys Prydferthwch*
2010:   *Rifiera Gymreig*
2012:   *Anturiaethau y Renby Toads*
2014:   *Blas o Ail Symudiad*
        CD gyda'r llyfr *Fflach o Ail Symudiad*

# DAVID R.EDWARDS

hunangofiant arloeswr dewra'r sîn roc Gymraeg

*Atgofion Hen Wanc*

y Lolfa

£6.95
E-lyfr £4.95

# CAM O'R TYWYLLWCH
## hunangofiant

# Rhys
### rhagair gan Gruff Rhys

# MWYN

y lolfa

£9.95
E-lyfr £6.95

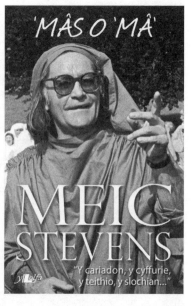

Pecyn o dri hunangofiant Meic Stevens
£20

Goreuon Meic Stevens, Dafydd Iwan, Bryn Fôn, Edward H,
Caryl Parry Jones, Sibrydion a llawer mwy...

# IOO
## O GANEUON
# POP

Alawon, geiriau a chordiau gitâr

Gol. Meinir Wyn Edwards

100
Welsh pop
standards

y Lolfa

£14.95

# IOO
## O GANEUON
# GWERIN

Alawon, geiriau, cordiau gitâr a sol-ffa

Gol. Meinir Wyn Edwards

y Lolfa

£14.95

# Mae ein diolch i'r canlynol:

BBC Radio Cymru am yr hawl i ddefnyddio
caneuon o Sesiwn Sosban ac un Gân o *Y Symudiad Olaf* 1983;

Casetiau Neon – caneuon 1,2 a 3;

Archif Sgrin a Sain, Llyfrgell Genedlaethol Cymru,
Aberystwyth am roi tapiau Radio Cymru ar ddisg;

Stan Williams a Malcolm Gwyon am luniau Ail Symudiad.
Tynnwyd rhai lluniau anffurfiol gan ffrindiau'r band.

## *Blas o Ail Symudiad*

(Mae'r CD yn cynnwys caneuon nad ydynt wedi cael eu clywed ers blynyddoedd
a rhai sydd heb ymddangos ar CD o'r blaen. *Demos* oedd rhai o'r caneuon.)

### 1. Darlun ar y Wal

Mae un llun mewn oriel yn sefyll allan ac mae llygaid y person yn y llun yn eich 'gwylio'.

### 2. Analysis ar Unwaith

Cân am hoffter rhai Americanwyr o fynd i weld *analyst*, a hynny'n gysur mawr.

### 3. Dilyn y Sebon

Ci ein ffrind Graham Bowen ysbrydolodd hon.
Roedd Carlo'n cyfarth bob tro roedd *Pobol y Cwm* ar y teledu!

### 4. Whisgi a Soda

Cân am berchnogion y pyllau glo a oedd yn sathru ar y glowyr.
Mae'r un mor berthnasol i chwarelwyr.

### 5. Ad-drefnu

Cân am adeiladau'n cael eu codi mewn dinasoedd a threfi
a dymchwel llefydd hanesyddol a diddorol, a chreu jyngl goncrid.

### 6. Petrol a Paraffin

Ysgrifennwyd y geiriau gan Malcolm Gwyon
sy'n dweud bydd petrol a paraffin mewn amgueddfa rhywbryd yn y dyfodol.

### 7. Popeth yn Un

Cân am ddiwrnod o haf ar lannau'r Teifi ac yn gweld ambell las y dorlan
a physgod yn neidio, a sylweddoli ei fod fel paradwys.

### 8. Aros am Yfory

Cân am bobol sy'n ysgrifennu at yr Agony Aunts mewn papurau dyddiol.

### 9. Heno Mewn Breuddwyd

Mae'n sôn am fywyd yn Nant Gwrtheyrn dros ganrif a hanner yn ôl.

### 10. Geiriau

Mae'r geiriau'n sôn am bobol yn dod 'nôl i Gymru i fyw
a meddwl eu bod nhw'n well na phawb arall.

### 11. Arwyr Addfwyn

Cân am forfilod a'r blynyddoedd o greulondeb maen nhw wedi ei ddioddef.

### 12. Sefyll ar y Sgwâr

Cân am Hollywood, paranoia UDA am bobol asgell chwith.
Dylem fod yn falch i fyw yng Nghymru – gwlad heb y gwn.

(c) Cyhoeddiadau Mwldan

Traciau 1, 2 a 3 yn Pantyryn, Crymych gan Hubert Mathias ar offer PA Rocyn.
Traciau 4, 5 a 6 o sesiwn gynta AS i *Sosban* yn un o stiwdios y BBC yng Nghaerdydd gyda Eurof Williams yn cynhyrchu.
Traciau 7, 8 a 9 yn stiwdio gynta Fflach yn Festri Tabernacl, Aberteifi tua 1985 – diolch i Rhodri Davies.
Trac 10 yn Stiwdio 123 gyda Dafydd Pearce yng Nghaerdydd ac Eurof yn cynhyrchu eto.
Trac 11 o Sesiwn Sosban 1983 a recordiwyd yn Stiwdio'r Bwthyn gyda Richard Morris.
Trac 12 – recordiad byw yn Neuadd Blaendyffryn – 'Y Symudiad Olaf' 1983.

Dyblygwyd y CDs gan Sound Performance, Swyddfa Gorllewin Cymru, Waunifor ger Llanfihangel-ar-Arth.